全国建设行业中等职业教育推荐教材

物业环境与安全管理

（物业管理与房地产类专业适用）

主编　刘嘉
主审　吴泽

中国建筑工业出版社

图书在版编目（CIP）数据

物业环境与安全管理/刘嘉主编．—北京：中国建筑工业出版社，2006
 全国建设行业中等职业教育推荐教材．物业管理与房地产类专业适用
 ISBN 978-7-112-07603-1

Ⅰ．物… Ⅱ．刘… Ⅲ．①物业管理：环境管理-专业学校-教材②物业管理：安全管理-专业学校-教材 Ⅳ．①F293.33②X

中国版本图书馆 CIP 数据核字（2005）第 156202 号

全国建设行业中等职业教育推荐教材
物业环境与安全管理
（物业管理与房地产类专业适用）
主编 刘嘉
主审 吴泽

*

中国建筑工业出版社出版、发行（北京西郊百万庄）
各地新华书店、建筑书店经销
霸州市顺浩图文科技发展有限公司制版
北京富生印刷厂印刷

*

开本：787×1092 毫米 1/16 印张：7 字数：170 千字
2006 年 1 月第一版 2013 年 4 月第三次印刷
定价：15.00 元
ISBN 978-7-112-07603-1
（23683）

版权所有 翻印必究
如有印装质量问题，可寄本社退换
（邮政编码 100037）

本教材是根据建设部中等职业学校建筑与房地产经济管理专业指导委员会制定的《物业环境与安全管理》教学大纲的基本要求编写的。全书共分六章，主要内容包括：物业环境管理概论、物业环境污染与防治、物业环境卫生管理、物业环境绿化管理、物业安全管理、物业环境质量管理等。每章后均附有复习思考题。

本书可作为中等职业学校物业管理专业教材、物业管理员岗位培训教材，也可供物业管理有关人员学习参考。

＊　＊　＊

责任编辑：张　晶
责任设计：董建平
责任校对：王雪竹　孙　爽

教材编审委员会名单

（按姓氏笔画排序）

王立霞　甘太仕　叶庶骏　刘　胜　刘　力
刘景辉　汤　斌　苏铁岳　吴　泽　吴　刚
何汉强　邵怀宇　张怡朋　张　鸣　张翠菊
邹　蓉　范文昭　周建华　袁建新　游建宁
黄晨光　温小明　彭后生

出 版 说 明

物业管理业在我国被誉为"朝阳行业",方兴未艾,发展迅猛。行业中的管理理念、管理方法、管理规范、管理条例、管理技术随着社会经济的发展不断更新。另一方面,近年来我国中等职业教育的教育环境正在发生深刻的变化。客观上要求有符合目前行业发展变化情况、应用性强、有鲜明职业教育特色的专业教材与之相适应。

受建设部委托,第三、第四届建筑与房地产经济专业指导委员会在深入调研的基础上,对中职学校物业管理专业教育标准和培养方案进行了整体改革,系统提出了中职教育物业管理专业的课程体系,进行了课程大纲的审定,组织编写了本系列教材。

本系列教材以目前我国经济较发达地区的物业管理模式为基础,以目前物业管理业的最新条例、最新规范、最新技术为依据,以努力贴近行业实际,突出教学内容的应用性、实践性和针对性为原则进行编写。本系列教材既可作为中职学校物业管理专业的教材,也可供物业管理基层管理人员自学使用。

建设部中等职业学校
建筑与房地产经济管理专业指导委员会

前 言

本教材是根据建设部普通中等职业学校物业管理专业教学计划和《物业环境与安全管理》教学大纲的基本要求编写的。

本教材在编写过程中，力求做到全面系统地介绍物业环境与安全管理的基本概念、基本理论和基本管理手段，突出物业环境与安全管理实务操作方法。同时在编写中力求符合中职教育的要求，保持一定的系统性，做到深入浅出、通俗易懂，强调操作能力的培养，突出与物业管理有关的内容。本书可作为中等职业技术学校物业管理专业教材、物业管理员岗位培训教材，也可供物业管理有关人员参考。

本教材由刘嘉（成都市建设学校高级讲师）主编，吴泽（四川建筑职业技术学院副教授）担任主审，主审对教材的初稿内容提出了很多宝贵意见，在此深表感谢。编者引用了参考文献中的有关资料，在此顺致谢意。

由于物业环境与安全管理是一门在理论上和实践上都在不断发展和完善的学科，又限于时间和编者的水平，教材中肯定存在不少有待于进一步完善的地方，恳请读者批评指正。

目 录

第一章　物业环境管理概论 ·· 1
　第一节　物业环境的内涵 ·· 1
　第二节　物业环境管理的目标和内容 ································ 4
　第三节　物业环境管理的基本原则 ··································· 7
　第四节　物业环境管理的基本手段 ··································· 9
　复习思考题 ·· 10
第二章　物业环境污染与防治 ··· 11
　第一节　物业环境污染的原因和特征 ······························ 11
　第二节　物业大气污染与防治 ·· 15
　第三节　水污染及其防治 ·· 20
　第四节　噪声污染与防治 ·· 24
　第五节　物业装修管理 ··· 28
　复习思考题 ·· 33
第三章　物业环境卫生管理 ·· 34
　第一节　物业垃圾的污染与防治 ···································· 34
　第二节　物业环境卫生管理 ·· 39
　第三节　物业环境卫生管理的日常操作 ··························· 46
　第四节　物业污水排放系统管理 ···································· 54
　复习思考题 ·· 57
第四章　物业环境绿化与管理 ··· 59
　第一节　物业环境绿化的概述 ······································· 59
　第二节　物业环境绿化管理 ·· 64
　复习思考题 ·· 75
第五章　物业安全管理 ·· 76
　第一节　物业治安管理 ·· 76
　第二节　物业消防管理 ·· 83
　第三节　物业车辆道路管理 ·· 87
　复习思考题 ·· 91
第六章　物业环境质量管理 ·· 93
　第一节　物业环境质量管理概述 ···································· 93
　第二节　物业大气环境质量管理 ···································· 95
　第三节　物业水环境质量管理 ······································· 97
　第四节　物业噪声环境质量管理 ··································· 101
　复习思考题 ··· 103
主要参考文献 ·· 104

第一章 物业环境管理概论

环境是当今国际社会普遍关注的重大问题。人类在经过漫长的奋斗历程后，在改造自然和发展社会方面取得了辉煌的业绩，与此同时，生态破坏与环境污染，对人类的生存和发展已构成了威胁。因此，保护和改善生态环境，实现人类社会的持续发展，已成为人类社会紧迫而艰巨的任务。近年来，作为城市环境一部分的物业环境，越来越受到人们的重视，国家环保、城市管理及有关部门，正在逐渐加大对物业环境保护的研究和治理力度，强化对物业环境的管理，提高物业环境质量。在经济持续、快速、健康发展的今天，创建一个清洁安静、优美舒适的居住环境和工作环境，通过科学研究和加强管理改善和提高居住环境的质量，是物业管理者义不容辞的责任。

第一节 物业环境的内涵

一、环境

环境总是相对于某一中心事物而言的，总是作为某一中心事物的对立而存在的。它因中心事物的不同而不同，随着中心事物的变化而变化；与某一中心事物有关的周围事物，包括所有的影响因素，就构成了这个中心事物的环境。

对于人类来说，环境就是人类生存的环境，是指以人类为中心，并作用于人类的所有外界事物，即人类赖以生存和发展的各种因素的总和。狭义地说，主要为物质条件的总和。正如《中华人民共和国环境保护法》所明确指出的那样："本法所称的环境，是指影响人类生存和发展的各种天然的和经过人工改造的自然因素的总体，包括大气、水、海洋、土地、矿藏、森林、草原、野生生物、自然遗迹、人文遗迹、自然保护区、风景名胜区、城市和乡村等。"

以人为中心的环境有广义和狭义之分。

1. 广义的环境

（1）自然环境，它是人类出现之前就存在的，是人类赖以生存、生产和生活所必需的自然条件和自然资源的总称，即包括气候、地质、地貌、土壤、水文、生物等自然因素。自然环境按人类对其影响和改造的程度又可分为原生自然环境和次生自然环境。

1）原生自然环境，是指未受人类影响，或只受人类间接影响，景观面貌基本上没有发生变化，按照自然规律发展和演替的环境，如极地、高山、人迹罕见的沙漠和冻土等地区。

2）次生自然环境，是指受人类活动的影响，景观面貌和环境功能发生了某些变化的自然环境，如次生林、天然牧场等地区。次生自然环境的发展和演替，虽然受人类影响，但基本上仍受自然规律的支配和制约，所以它仍属于自然环境的范畴。

（2）人工环境，它是人类在自然环境的基础上，为了不断提高自己的物质和精神生活水平，通过长期有计划、有目的的经济活动和社会活动，逐渐创造和建立起来的一种人工化的生存环境空间，如城市环境、乡村环境等。

(3) 社会环境，是指政治、经济、文化等各种社会因素所构成的人与人之间的软环境。它是与自然环境相对应的概念，它的发展和演替既受自然规律的作用，也受社会经济规律的支配和制约。社会环境是人类物质文明和精神文明发展的标志，它随着经济和社会的发展，特别是科学技术的发展而不断地发展变化。社会环境的好坏，又直接影响到人类的工作和生活，直接影响人类社会的发展和进步。

2. 狭义的环境

狭义的环境是指次生自然环境，即被人类活动改变的自然环境。

二、物业环境

物业环境是城市环境的组成部分。一般来说，物业环境包括次生自然环境、人工环境和社会环境。城市环境是典型的人工环境，它是由城市自然环境和城市社会环境组成，而物业环境则是指某宗物业所在区域内的环境。

物业环境按物业的用途不同，可分为生活居住环境、生产环境、商业环境和办公环境。

1. 生活居住环境

生活居住环境，是指供给人们居住的物业环境，包括内部居住环境和外部居住环境。

(1) 内部居住环境，是指住宅的内部环境。

影响住宅内部环境的因素有以下几个方面：

1) 住宅标准　包括面积标准和质量标准。面积标准一般是指平均每户建筑面积和平均每人使用面积的大小。使用面积是指建筑物净面积的总和，人均使用面积是指每户平均每人占用的净面积。质量标准是指房屋设备的完善程度。

2) 住宅类型　住宅的建筑结构和楼层（多层和高层）的区别。

3) 隔声　居室上下或前后左右对外部噪声的防护性能。

4) 隔热和保温　住宅要求夏天隔热，冬天保温，这是内部居住环境良好的重要条件。

5) 光照　自然采光和人工照明的状况。住宅室内要求具有适宜的自然光照时间和人工照明强度。

6) 通风　一般指自然通风。居室应具有良好的通风条件，以保持室内空气清新。

7) 室内小气候　包括室内的气温、相对湿度和空气对流速度。住宅室内要保持足够的新鲜空气量，尽量降低二氧化碳及其他有毒有害气体含量，还要有适宜的气温、相对湿度和空气对流速度，确保室内清新，温度、湿度适宜，不损害人身健康。

(2) 外部居住环境，是指居住物业区域内与居民生活居住密切相关的各类公共建筑、公用设施、绿化、院落和室外活动场地等。它与内部居住环境有机地组成完整的生活居住环境。

影响住宅外部环境的因素有以下几个方面：

1) 居住密度　是指单位用地面积上居民和建筑的密集程度。通常用单位用地面积所容纳的居民人数和单位用地面积所建造的住宅建筑面积两个指标来衡量。从居住舒适性角度来考虑，居住密度较低为好。

2) 公共建筑为居民生活服务的各类建筑，包括中小学、幼儿园、医院、电影院、商店、邮局、银行等。居住公共建筑的配套完善，是保证居住物业具有良好外部环境的基本物质条件。

　　3）市政公共设施　为居民生活服务的各类设施，包括道路、各种工程管线、公共交通等。完善和便利的市政公共设施能够给居住物业提供一个良好的外部居住环境。

　　4）绿化　指居住物业的室外公共绿地面积和绿化种植。绿化不仅有利于调节物业环境的小气候，而且能美化居住的外部环境，有利于人们的身心健康。

　　5）室外庭院和各类活动场所　指住户独用的室外庭院和公共使用的生活用地、活动场所。公共活动场所主要包括儿童游戏场地和居民休息活动场地。

　　6）室外环境小品　主要包括建筑小品、装饰小品、公共小设施以及地面铺砌等。

　　7）声环境和视环境　指噪声强度和住户相互之间视线的干扰程度。为确保一个良好的居住区内舒适环境，应尽量降低噪声强度和住户相互之间视线的干扰程度。

　　8）小气候环境　指居住区内气温、湿度、日照或防晒、通风、防风等状况。居住区内舒适的小气候环境，有益于居民的身心健康。

　　9）邻里和社会环境　指居住区内的社会风尚、治安、邻里关系，以及居民的文化水平、文明程度和艺术修养等。它会直接影响居民居住环境。

　　10）环境卫生状况　包括物业垃圾的收集、清运及地面整洁状况等。居住区良好的卫生状况，能够净化环境，陶冶情操，给居民提供一个清洁宜人的生活环境。

　　2. 生产环境

　　生产环境是指供给企业及生产者从事产品生产的物业环境，主要包括以下几个方面：

　　(1) 物业的功能和类型

　　物业的功能和类型是否与使用该物业生产的产品相一致，是影响生产环境的重要因素。如房屋的层高、面积和结构等，要适合生产的需要。

　　(2) 隔声　要求生产用房之间和生产用房与外界不造成噪声污染，确保生产者在生产工作时互不干扰和影响外界。

　　(3) 隔热和保温　要求生产用房能确保生产者在一个适宜的温差环境中从事生产活动。

　　(4) 光照和通风　要求保证生产者能在具有足够光线和良好通风条件的生产用房内从事生产活动。

　　(5) 绿化　生产区域内有足够的绿地面积和绿化种植。它不仅有利于厂区小气候的调节，减小有毒有害物质的危害，而且能美化厂区环境，有利于树立良好的企业形象。

　　(6) 环境卫生状况　良好的环境卫生状况，能够确保生产者在一个清洁、卫生的环境中从事生产，以提高生产效率和产品质量。

　　(7) 交通条件　要有便捷畅通的交通条件，以确保原料、燃料、材料及产品的运输。

　　(8) 基础设施　生产企业要有良好的基础设施，以保证电力供应、生产用水、排污、治污的需要。

　　(9) 行政服务条件　包括直接为生产型企业服务的公安、银行、工商、税务、环卫等行政服务机构的设置和服务质量。

　　3. 商业环境

　　商业环境是指提供给商业企业（包括商店、旅馆、餐馆、游艺场馆和商务写字楼等）

及经营者从事商业活动的物业环境。

主要包括以下几个方面：

（1）物业档次和类型　商业物业有低层、多层和高层之分，档次也不相同。档次越高，相关的商业环境也就越好。

（2）隔声　商业物业应有较好的隔声效果，以免影响他人和对外界造成噪声和污染。

（3）光照与通风　商业物业在使用时，应保证室内有良好的空气质量和充足的光线。

（4）室内小气候　要求室内具有适宜的温度、相对湿度和空气对流速度。

（5）室内空气含氧量　商业物业环境人口密度大，流动人口多，对氧的需求量大，要求室内空气有足够的含氧量，最大限度地降低有毒、有害、有异味的气体或物质。

（6）绿化　商业物业要有足够的绿化面积和绿化种植或盆栽花木种类，以保证物业环境优美和树立良好的企业形象。

（7）环境卫生状况　商业物业人口流动快，极易造成环境污染，需要强化卫生保洁措施。

（8）环境小品　美观、合适的环境小品，能给商业活动创造一个良好的情景和氛围，使顾客在商业活动中得到美的享受。

（9）商业设施　完善、配套和便利的商业设施，是商业活动开展的基础。

（10）交通条件　便利、快捷的商业设施，是商业活动的必要条件。应从两个方面考虑：一是顾客方面，公共交通的便利程度和车辆停放场地问题；二是经营方面，货物运输的交通便利程度。

（11）服务态度和服务水平　良好的服务态度和服务水平，是商业活动的前提。商业物业的服务态度越好，服务水平越高，商业服务形象越好，其商业环境就越佳，相应的商业效益就越高。

4. 办公环境

办公环境是指用于行政办公目的的物业环境，如政府机关办公大楼等。这里不包括商务写字楼。办公环境主要包括办公室内环境和办公室外环境。

（1）办公室内环境　主要包括办公室的标准、隔声效果、隔热与保温、光照和日照、室内小气候等。另外，室内景观布置和办公设备的完善程度等也都影响办公室内的环境。

（2）办公室外环境　主要包括室外绿化、室外环境小品、大气环境质量、声觉环境和视觉环境、环境卫生状况、治安状况，以及工作人员的思想文化素养、艺术修养和人际关系等。

第二节　物业环境管理的目标和内容

一、物业环境管理的基本目标

1. 物业环境管理的总目标

物业环境管理要遵循社会经济发展规律和自然规律，采取各种有效措施影响和限制物业主、使用人和受益人的行为，使各种活动与物业环境质量达到较佳的平衡，保证物业良好的工作、生活秩序，创造优美舒适的工作、生活环境，确保物业经济价值的实现，最终达到物业经济效益、社会效益和环境效益的统一。

2. 物业环境管理的具体目标

(1) 合理开发和利用物业区域内的自然资源，维护物业区域的生态平衡，防止物业区域的自然环境和社会环境受到破坏和污染，以便更好地适合人类劳动、生活和自然界生物的生存和发展。

要实现这个目标，必须把物业环境的管理与治理有机结合起来，合理开发利用资源，防止环境污染和生态破坏。在实际工作中，应该以预防为主，把环境管理放在首位，通过管理促进治理，既保证技术的合理发展，又防止污染，构建一个健康、舒适、优美的物业环境。

(2) 有效贯彻国家关于物业环境保护的政策、法规、条例和规划，制定物业环境管理方面的方案和措施，选择切实可行的能够保护和改善物业环境的途径，正确处理好社会和经济可持续发展与环境保护的关系。

各地条件不同，物业性质不同，人们环保意识也有差异。有的要求高一些，有的要求低一些；有的这方面要求高一些，有的那方面要求高一些。因此，各地可根据实际情况，根据不同行业部门、不同物业类型，制定切实可行的物业环境标准和规范。要对物业环境质量状况进行定期评价和预测，并制定相应的措施予以保证。

(3) 建立健全物业环境日常管理机构，做好物业环境的日常管理工作，保持物业环境的净化、美化、绿化，保证正常的工作和生活秩序。

为达到这一目标，必须建立物业环境管理的卫生保洁、绿化等方面的专职管理机构，制定相应的管理制度，加强日常管理和监督，以保证物业环境经常性的净化、绿化和美化。

(4) 积极开展环境保护的宣传教育，增强公众的环保意识，引导他们积极参与环境管理，形成良好的物业环境管理氛围。

人与自然本质上是一个整体，人与自然应和谐相处。这种新型的环境文化，标志着人类在现代社会中的意识觉醒。提高和普及公众的环境保护意识，是现代文明进步的标志和尺度。因此，要通过多种形式，积极宣传国家的环境保护政策、法律、法规，提高公众对环境保护重要性、必要性和紧迫性的认识，增强他们的环保意识，普及环保知识，构建新型的环境文化，引导人们自觉遵守有关保护物业环境的政策和法律，使保护物业环境成为人们的自觉行为。

二、物业环境管理的主要内容

物业环境管理主要是调控业主或使用人与环境保护的关系，组织并管理业主或使用人的生活和生产活动，限制业主或使用人损害和破坏物业环境的行为。

物业环境管理主要包括以下几个方面的内容：

1. 物业区域环境保护

物业区域环境保护，是指通过执法检查、履约监督、制度建设和宣传教育等工作，防止和控制可能发生的物业区域环境污染（如大气污染、水体污染、固体废弃物污染、噪声污染等），从观念上、制度上和日常管理上影响业主和使用人，使他们树立高度的环境保护意识，提高其素质，使其与环境质量达到高度的协调统一，共同创建一个整洁、舒适、优美、文明的工作和生活环境。

物业区域环境保护的重点是对各种污染的防治。所谓污染防治，就是控制人类活动向环境排放污染的种类、数量和浓度，即采取各种可行的和有效的措施，减少污染的排放量，降低污染物中有害物质的浓度或危害，对现有的污染源实施控制和治理，对已经排放的废弃物和污染物进行减量化、无害化、资源化处理，同时控制和减少新的污染源的产生，遏制环境质量的恶化，恢复和改善环境质量。

2. 物业环境绿化美化工作

尽量扩大绿化面积，增加花草、树木的种类，不仅可以净化空气，调节物业区域小气候，保持水土，防风固沙，而且可以消除噪声，达到改善环境条件、净化美化环境的目的。环境绿化工作要实用与美化相结合，营造与防护相结合，家庭住宅、楼宇立体绿化与室外环境绿化相结合。环境绿化包括绿地的设计和营造、绿地的养护管理、绿地的改进及环境小品的建设等。通过组织、协调、督导和宣传，以及建绿、护绿、养绿等活动，加强绿化管理，创造清洁、安静、舒适、优美的生态小区，尽可能地提高环境效益。

3. 物业环境卫生管理工作

物业环境卫生管理是物业管理中一项经常性的管理服务工作，其目的是净化环境，给物业业主和使用人提供一个清洁宜人的工作和生活环境。良好的环境卫生不但可以保持物业区域容貌的整洁和环境的优雅，而且对于减少疾病、促进身心健康十分有益，同时也是社区全面建设的一个重要方面。

4. 清除物业区域内的违章搭建

违章搭建是对整个物业区域和谐环境的破坏，它既有碍观瞻，影响市容市貌，又影响人们的日常生活，给广大公众造成不便，影响邻里关系，还造成交通不畅、着火等不安全隐患。因此，物业管理公司一定要协同有关部门，认真做好清理物业区域内违章搭建的工作。但这是一项管理难度较大的工作。

5. 市政公用设施管理和维护

物业区域内市政公用设施是该物业的一个重要组成部分。这类设施一旦遭到破坏、损坏或不能正常运行，便会不利于人们正常的生产、生活和办公。因此，加强市政公用设施的管理和维护也是物业管理公司的一项重要工作。

6. 车辆交通管理

车辆是人们工作、生产和生活的必需的交通工具，随着人们生活水平的提高，车辆在逐年增加，随之也出现了一些问题。由于建设时没有充分考虑停车设施的建设，或者由于疏于管理，造成物业区域内车辆乱停乱放现象严重，车辆被盗案件时有发生，车祸也不断增多，破坏了物业环境，既给住户的工作、生活带来不便，又给人们的生命和财产安全造成一定的威胁。因此，物业管理公司必须加强对物业区域内车辆交通的管理，建立良好的交通秩序、停放秩序、安全看管，确保物业业主和使用人的车辆不受损坏和失窃，保证物业业主和使用人的安全。

7. 建设和管理各种环境小品

物业环境小品的种类繁多，就其性质来说，大体上可划分为两大类：一是功能性环境小品，二是装饰环境小品。功能性小品又分为建筑小品、游憩设施小品和公用设施小品三种。环境小品具有方便实用、美化环境、优化空间的功效。其种类、造型、规格、质地可根据实际需要而设计，不强求应有尽有、样样齐全。物业管理公司应用少量的投资和简易可行的材料，建造一些美观实用的环境小品。在整体环境协调统一的要求下，与建筑群体和绿化种植紧密配合，达到美化环境的理想效果。平时要坚持对各种环境小品的保养和维护，以保证其性能完好，发挥作用。

8. 治安管理工作

物业区域内的治安管理工作，是指物业管理公司为防盗、防破坏、防流氓活动、防意外及突发事故而对所管辖物业区域内进行的一系列管理活动。治安管理防治的对象主要是人为造成的事故与损失，其目的是为了保障物业管理公司所管辖物业区域内的财物不受损失，人身不受伤害，维护正常的工作、生活秩序。治安管理在整个物业管理中占有举足轻重的地位，它是整个社区及社会安定的基础。物业治安管理要与公安部门密切协作，接受当地公安部门的业务指导。

9. 消防管理工作

消防管理工作在物业管理中占有头等重要的地位。消防的基本目的是预防物业火灾的发生，最大限度地减少火灾损失，为住户的工作、生活提供安全环境，增强城市居民的安全感，保护其生命和财产安全。因此，物业管理公司应做好消防设施和器材的配置与管理，以及消防的宣传教育工作。

10. 建设新型的人文环境

新型的人文环境应该是和睦相处、互帮互助的生活环境，互利互惠、温馨文明的商业环境，融洽和谐、轻松有序的办公环境，安全舒适、相互协作的生产环境等。建设新型的人文环境，可以焕发人们的热情，增强社区对居民的凝聚力，对社会治安状况的好转又有促进作用。它也是两个文明建设的重要组成部分。

第三节 物业环境管理的基本原则

一、环境具有价值的原则

自然环境是由资源构成的，它以各种形式直接向生产者和消费者提供服务。自然环境资源的价值可从效益和费用两方面体现，一是环境的效用，它具有满足人类需要的能力，例如，人们所呼吸的新鲜空气，观赏自然景色所得到的享受等，都是从优良的环境下获得的；二是对环境污染的防治和治理所需付出的费用。因此，环境管理属于资源管理，具有经济属性。同时，环境资源是有限的，这就要求管理者遵循谁开发谁保护、谁污染谁治理、谁损害谁负担、受益与使用者付费、保护与建设者得利的原则，即环境具有价值的原则，利用经济手段管理好环境，从经济利益上促使人们在开发和利用资源时，充分考虑资源的持续利用，自觉地制止资源浪费、污染及破坏环境。

同样，在物业环境管理过程中，应该利用价值规律来搞好物业环境管理，通过加强经济核算等方法，调节生产效益与环境效益，从经济利益上使人们珍惜资源、保护资源、节约资源、保护环境。环境具有价值的原则，有助于建立各种指标体系，有助于物业环境管理工作的定量化和科学化，有助于物业环境管理各项工作的落实。

二、全局和整体效益最优的原则

全局和整体效益最优的原则是物业环境管理应遵循的基本原则，它表明了物业环境管理的生态属性，必须遵循生态规律。

1. 物业环境管理既是城市和社会经济建设中的有机组成部分，它本身又是一个有机整体。要综合考虑、正确处理全局和局部之间的关系，解决好各方面利益矛盾，以取得最大的全局和整体利益。

2. 协调处理好物业区域内不同层次和不同部门之间的关系，进行正确决策，促进环境管理的整体效益和全面效益的不断提高。

3. 统筹规划，合理安排，综合治理。要综合研究物业区域的人口、资源、经济结构、自然条件、环境污染和破坏程度等因素，合理安排区域内生产、建设、商业、生活的活动，统筹规划、合理开发利用资源，解决环境问题，综合运用多种管理手段加强环境管理。对自然资源的利用，要顾及对环境的影响，一定要有科学性、计划性和前瞻性，既要考虑当前利益，又要考虑长远后果。如要加强控制地下水的开采，防止地下水源枯竭，避免引起地面沉降的环境问题。

三、综合平衡的原则

综合平衡的原则就是在环境管理中必须遵循生态规律，力求保护生态和发展经济的协调与平衡。

1. 把物业区域内的生态保护和环境管理纳入城市经济和社会发展规划，协调和平衡城市建设与环境保护的关系，在整个城市乃至整个社会发展的基础上，搞好物业区域内的环境管理。

2. 物业环境管理要有预见性和长远性。一是密切注意物业所在区域的生产、经营、消费等，以及整个城市和社会经济发展动向可能对物业区域的环境保护带来的影响，及时提出环境保护对策，防患于未然；二是开展物业环境评价和环境质量预测工作，并使之制度化和规范化。

四、可持续发展原则

可持续发展战略是1987年4月由联合国环境与发展委员会提出的，其含义是"既满足当代人的需求，又不对后代人满足其需求的能力构成危害的发展"。可持续发展战略包含两个方面的内容：一是发展目标是为满足人类的基本需求，特别是贫困人们的需求；二是发展要以地球生物圈的承受能力为限度，如果超出了这个限度，必将影响自然环境支持后代人及后代人生存的能力。只有通过技术进步和管理，对发展进行协调、制约，才能达到经济、社会和环境的协调发展。可持续发展思想将给人们带来观念和行为的更新。

从环境管理的角度出发，可持续发展包括以下基本思想：

1. 可持续发展是一种提倡和追求"低消耗、低污染、适度消费"的模式。

2. 可持续发展要以自然资源、环境为基础，同环境承载能力相协调。

3. 可持续发展承认自然环境具有价值，实施资源有偿利用制度。体现当代人之间、各代人之间的公平性原则。

4. 可持续发展要以提高人类社会质量为目标，同社会进步发展相适应。

对于居住类物业来说，环境管理的最终目的是为居民创造一个舒适、宁静、高雅、安逸的高质量生活环境，并在此基础上创造一种从物质到精神具有现代风貌和个性特征的生活方式。与社会服务相结合的功能完善的物业管理，是以"物业"为中心的一个"微型社会"，通过良好的环境管理，形成一个"陶冶情操、净化心灵、提升精神"的小社会。因此，良好的物业环境管理在充分保障业主、使用人的合法权益的同时，增强业主、使用人的睦邻友好意识，创造互相尊重、和睦共处的氛围，从而达到居住环境和社会关系、社会发展的和谐统一和协调发展。从这个意义上来说，物业环境管理不仅仅是改善市民居住条件、提高居住水平的物质基础，而且也是人类居住区可持续发展的重要前提。

五、政府干预和公众参与相结合的原则

政府是环境管理的主体。物业环境管理要依据政府制定的与环境保护相关的法律、政策和方针进行。但是，环境管理完全依靠政府的干预是不够的。这主要是由于在环境管理上存在"政策失灵"的情况，即政府干预有时不能改正市场失灵，反而会把市场进一步扭曲。

在环境管理中，要把政府干预和公众参与结合起来，弥补政府干预的不足。通过开展环境教育，增强公众对环境的热情，增强公众对环境价值的认识和对开展环境保护工作的紧迫感，激发人们自觉保护环境的热情，增强责任感，形成人人关心环保、人人参与环保的社会氛围，有效地监督政府，避免决策失误。由此可见，政府干预与公众参与相结合的原则对物业环境管理方案的实施有着十分重要的意义。

第四节 物业环境管理的基本手段

一、法律手段

法律手段是物业环境管理过程中的一种强制性措施。实施法律手段，一方面要靠立法，把国家对环境保护的要求和做法，全部以法律的形式固定下来，强制执行；另一方面还要靠环境管理部门协助和配合司法部门向违反环境保护法律的行为进行斗争。依据环境保护法规和环境标准，对严重污染和破坏环境的行为提起公诉，甚至追究法律责任；也可对污染和破坏环境的单位和个人给予批评、警告、罚款或责令赔偿损失等。环境管理部门还要协助仲裁部门对环境保护中存在的纠纷进行裁决。

二、经济手段

它是物业环境管理中的重要措施。主要包括：对积极防治环境污染而在经济上有困难的单位给予资金援助；对排放污染物的单位，按照污染物的种类、数量和浓度征收排污费；对违反规定造成严重污染的单位或个人处以罚款；对排出污染物损害人群健康或造成财产损失的排污单位，责令其对受害者赔偿损失；对乱扔乱倒的行为，除批评教育外，进行必要的罚款；对利用废弃物做生产原料企业不收原料费；对利用废弃物生产的产品给予减免税收或其他政策上的优惠。此外，还有推行开发、利用自然资源的征税制度。

在物业环境管理过程中，有些物业业主或使用人不讲公共道德，将一些生活垃圾或其他废弃物随处乱倒，造成物业环境污染，损害公众利益。对此，要进一步加强经济手段在物业环境管理中的运用，采取符合价值规律的管理方法，惩罚环境污染者，奖励环境保护者。

三、行政手段

行政干预手段是物业所在区域的环境保护部门经常采用的手段。它是根据国家行政法规所赋予的组织和指挥权力，对环境资源保护工作实施具体的管理措施。主要包括：研究制定环境保护政策、计划和规划；对某些环境危害严重的工业、交通企业责令限期治理，直至勒令停产、转产或搬迁；采取行政制约手段，如审批环境影响报告书，发放与环境保护有关的各种许可证等；对重点城市、地区、水域的防治工作给予必要的资金或技术帮助。

四、技术手段

应用技术手段，实现物业环境管理的科学化。主要包括：制定物业环境质量标准，组织开展环境影响评价，编写环境质量报告，总结推广防治污染的先进经验。开展物业环境的研究、交流与合作等，为制定环境保护技术政策提供依据。

环境政策法律法规的制定和实施，都涉及科学技术问题。所以，从另一方面说，没有先进的科学技术，不仅有时发现不了环境问题，而且即使发现了，也难以控制。因此，科学技术是实现环境科学管理的有效途径和必不可少的手段。

五、宣传教育手段

它是环境管理的一项战略性措施。环境保护宣传既是普及环境科学知识，又是思想动员。通过广播、电视、电影及各种传播媒体的广泛宣传，使公众了解环境保护的重要意义和内容，提高全民族的环境保护意识，激发人们环境保护的热情和积极性，使保护环境变成人们的自觉行为，从而形成强大的社会公众意识和舆论，制止浪费资源、破坏与污染环境的行为。

物业区域内业主、使用人和受益人环境保护意识的强弱，是衡量其文明程度的重要标志。物业环境管理人员不仅应该加强对区域内成年人的环境意识教育，而且还应该重视对区域内的中小学生和学龄前儿童环境科学知识普及，使他们从小就养成良好的环境意识和习惯。总之，加强公众环境意识的宣传教育工作，是保护环境、促进社会经济持续发展的战略性管理手段，应该大力加强。

复习思考题

一、名词和术语

自然环境　人工环境　物业环境　物业环境管理　可持续发展

二、思考题

1. 如何理解广义的环境？
2. 按物业的不同用途，物业环境可分为哪几种？每一种的影响因素有哪些？
3. 物业环境管理的内容有哪些？
4. 物业环境管理的基本目标有哪些？
5. 物业环境管理应遵循哪些原则？
6. 物业环境管理的基本手段有哪些？

第二章 物业环境污染与防治

第一节 物业环境污染的原因和特征

当今世界，环境保护已成为世人关注的热点，并深刻影响着国际政治、经济、文化等领域的发展。从国内来看，我国进入全面建设小康社会、加快推进改革开放和社会主义现代化建设的可持续发展的新时期，但环境污染和生态破坏的现状却严重制约着经济社会的可持续发展，难以满足人民群众对改善环境质量日益强烈的要求。政府高度重视环境保护和可持续发展，把环境保护作为直接关系中华民族的伟大复兴和可持续发展战略实施的基本国策，作为经济结构战略性调整的重要组成部分和改善人民生活质量的重要内容。

保护物业环境、治理物业环境污染是物业管理工作的一项主要内容，是物业管理部门、业主和使用人及全体公民的共同任务。因此，作为物业管理人员，必须了解和掌握有关环境保护和环境污染等方面的基本知识，如什么是环境污染、衡量环境污染的标准是什么、环境污染取决于哪些因素等，以便采取各种切实可行的措施加强物业环境管理，防治物业环境污染，创建人民需要的清洁、舒适、安静、优美的生活和劳动环境。

一、环境污染的涵义

环境污染是由于人类的活动所引起的环境质量下降而有害于人类及其他生物的正常生存和发展的现象，其产生有一个由量变到质变的发展过程。当某种能造成污染的物质的浓度或其总量超过环境的自净能力，就会造成环境质量下降或环境状况恶化，使生态平衡及人们的正常生活条件遭到危害。

环境污染的因素来自自然和人为，但人为因素是主要的。人们在生产和生活中消耗大量的燃料，产生大量的烟尘和二氧化硫、氮氧化物、一氧化碳等气体，这些物质排入大气，会使空气质量发生变化。人们在生产和生活中排放出的废水含有各种有毒有害物质，汇入天然水体使水体质量发生变化。人们使用汽车等现代交通工具，会排放废气和产生大范围的噪声，同样改变了环境质量。上述这些都会产生环境污染，从而使环境的化学、物理、生物特性发生变化，对人类的生存和发展产生危害。

二、环境污染的种类

环境污染可以从不同的角度进行分类，即就环境要素而言，可分为大气污染、水污染和土壤污染；按污染物的性质，可分为生物污染、化学污染和物理污染；按污染物形成，可分为废气污染、废水污染、固体废物污染和噪声污染；按污染产生的原因可分为工业污染、农业污染、交通污染等；按污染的分布范围，可分为全球性污染、区域性污染、局部性污染等。

在此，从物业环境管理的角度出发，我们主要介绍按环境要素进行的分类。

1. 大气污染

大气污染是指由于自然或人为的过程，改变了大气中某些原有成分和增加了某些有毒有害物质，其浓度达到了有害程度，以至破坏生态系统和人类正常生存和发展的条件，对人和物造成危害的现象。

就大气污染的来源来看，主要来自于自然和人为。

（1）天然污染源

自然界是某些自然现象向环境排放有害物质和造成有害影响的场所，是大气环境污染物的一个很重要的来源。尽管与人为源相比，由自然现象所产生的大气污染物种类少，浓度低，在局部地区某一时段可能形成严重影响，但从全球角度看，天然污染还是很重要的，尤其在清洁地区。大气污染物的天然源主要有：

1）火山爆发：排出 SO_2、H_2S、CO_2、CO、HF 及火山灰等颗粒物。

2）森林火灾：排放出 CO、CO_2、SO_2、NO_2 等。

3）自然尘：风沙、土壤尘等。

4）海浪飞沫：颗粒物主要为硫酸盐与亚硫酸盐。

在有些情况下，天然源比人为源更重要，有关专家曾对全球的硫氧化物和氮氧化物的排放作了估计，认为全球氮氧化物排放中的93%，硫氧化物排放的60%来自天然源。

（2）人为污染源

人类的生产和生活活动是大气污染的主要来源。通常所说的大气污染源是指人类活动向大气输送污染物的发生源。大气的人为污染源可概括如下：

1）工业污染源　工业生产过程排放到大气中的污染物种类多、数量大，是城市或工业区大气的主要污染源。工业生产中的废气很多。例如，石油化工企业排放 SO_2、H_2S、CO_2、氮氧化物；有色金属冶炼工业排放 SO_2、氮氧化物以及含有重金属元素的烟尘；磷肥厂排出的氟化物；钢铁厂排出的粉尘、硫氧化物、氢氧化物、H_2S、CO、酚、苯类等。

2）交通运输污染源　现代交通运输工具如汽车、火车、飞机、船舶等的尾气是造成大气污染的主要来源。内燃机燃烧排放的废气中含有 CO、氮氧化物、碳氧化物、含氧有机化合物、硫氧化物和铅的化合物等多种有害物质。由于交通工具数量庞大，来往频繁，故排放的量也非常可观。目前在我国的各城市中，交通工具排放的污染物已成为市区主要的大气污染源。机动车尾气排放标准低、耗油量大、燃料质量差和交通堵塞严重，是造成尾气排放污染严重的主要原因。

3）生活污染源　主要是各餐厅、饮食摊点及家庭使用的炉灶及取暖设备等。人们由于烧饭、取暖、沐浴等生活上的需要，燃烧化石燃料，日常生活的炉灶，由于居住密集，燃煤质量又差，数量多，燃烧不完全，烟囱较低，因此产生的烟尘、CO_2、CO 等有害气体的量也是可观的，有的区域比工业所产生的污染还严重。另外，焚烧垃圾对周围空气的影响很大，如果对居住区的垃圾和落叶进行焚烧，由于不具备充分的焚烧条件，氧气不够，焚烧不彻底，除了产生各种燃烧燃料所生成的有害物质外，还会在燃烧中产生其他很多的有害物质，如氰化氢等。

4）农业污染源　农药及化肥的使用，对提高农业产量起着重大的作用，但也给环境带来了不利的影响，致使施用农药和化肥活动成为大气的重要污染源。田间施用时，一部分农药以粉尘等颗粒形式散逸在大气之中，残留在作物体上或粘附在作物表面的仍可挥发到大气中。进入大气的农药可以被悬浮的颗粒物吸收并随气流向各地输送，造成大气农药污染。

2. 水体污染

水在自然循环中,由非污染环境进入水中的化学物质,称为自然杂质或本底杂质;由污染环境进入水中的化学物质,称为污染物。进入水体(地面径流和地下径流)中的污染物量超过了水体自净能力或纳污能力,而使水体丧失规定的使用价值时,称为水体污染或水污染。

(1) 水体污染物

水体污染物按其种类和性质一般可分为四大类,即无机无毒物、无机有毒物、有机无毒物和有机有毒物。除此之外,对水体造成污染的还有放射性物质、生物污染物质和热污染等。所谓有毒、无毒是根据对人体健康是否直接造成毒害作用而分的。严格来说,污水中的污染物质没有绝对无毒作用的,所谓无毒害作用是相对而有条件的,如多数的污染物,在其低浓度时,对人体健康并没有毒害作用,而达到一定浓度后,即能够呈现出毒害作用。

1) 无机无毒物　污水中的无毒无害物质,大致可分为三种类型:

a. 砂粒、矿渣一类的颗粒状的物质,是无毒害作用的,一般它们和有机性颗粒状的污染物质混在一起统称为悬浮物或固体悬浮体。

b. 酸、碱无机物盐类,污染水体的酸主要来自于矿山排水及许多工业废水,碱主要来自于碱法造纸、化学纤维、制碱、炼油等工业废水,酸性废水和碱性废水相互反应,也可能生成无机盐类,因此酸和碱的污染必然伴随着无机盐类的污染。

c. 氮、磷等植物营养物质,营养物质是指促使水中植物生长,从而加速水体富营养化的各种物质,主要是指氮、磷,这主要来自于农施肥、农业废弃物、城市生活污水和某些工业废水。如使用氨基酸、尿素、含磷洗涤剂等。

2) 无机有毒物　是最为人们关注的,根据毒性发作的情况,此类污染物可分为两类:

a. 非金属的无机毒性物质　这类污染物毒性作用快,易为人们所注意,如电镀废水中含的氢化物,冶金、化工企业排放的含有砷的废水等。

b. 重金属毒性物质　这类污染物毒性作用是通过食物在人体内逐渐富集,达到一定浓度后才显示出症状,不易被人们及时发现,但危害一经形成,就会酿成大祸。采矿和冶炼企业是向水体释放重金属 Hg、Cd、Cr、Pb 等的最主要的污染源。

3) 有机无毒物　这一类物质是指在食品加工、造纸等工业废水和生活污水中,含有碳水化合物、蛋白质、脂肪、木质素等有机物质,它们基于生物降解,向稳定的无机物转化。在有氧条件下,由好氧微生物作用下进行转化,这一转化进程快,产物一般为 CO_2、H_2O 等稳定物质。由于这类物质在转化过程中要消耗一定的氧,故称为需氧污染物或耗氧物质。

4) 有机有毒物　这一类物质多属于人工合成的有机物质,如农药(DDT、六六六等有机氯农药)、醛、酮粉以及多氯联苯、芳香氨基化合物、高分子化合物聚合物(塑料、合成橡胶、人造纤维)、染料等。这类物质主要来源于石油化工的合成生产过程及有关的产品使用过程中排放的污水,不经处理排入水体后而造成的污染引起危害。

(2) 常见的污染源

水环境可受到多方面的污染,其中主要污染源有以下几种:

1) 向自然水体排放的各类废水;

2）向自然水体直接倾倒的固体废弃物，以及垃圾堆放场所的渗出液和淋洗雨水；

3）大气污染地区的酸雨及其他淋洗降水；

4）大气中有害的沉降物及水溶性气体；

5）淋洗植被后溶入了化肥和农药的（降水）径流；

6）航道中船舶的漏油、废水及固体废弃物。

水环境的污染源虽有以上许多方面，但最普遍最重要的污染源仍为排放的各类生产和生活废水。就一定意义上说，只要严格控制好排放废水的水质，水环境的污染就能得到基本的治理。

3. 噪声污染

近年来，随着我国工农业、交通运输业和娱乐业的迅速发展，噪声污染日益严重。噪声污染是我国城市四大公害之一。从环境保护的角度来说，凡是干扰人们正常休息、学习和工作的声音，统称为噪声，如：机器的轰鸣声，各种交通工具的马达声、鸣笛声，人们的嘈杂声，各种突发的声响等。

噪声污染是指噪声强度超过人的生活和生产活动所允许的环境状况，对人们健康或生产产生危害。在环境中，噪声的来源主要有四种：

（1）交通噪声

城市噪声首先来源于交通。交通噪声主要来自于交通工具在行驶时发出的。如汽车、摩托车、火车、飞机等都是交通噪声源。交通噪声对环境影响较广，由于在城市中汽车等交通工具运输工具较为集中，所发出的噪声汇集起来造成很大影响。因此，城市环境中的交通噪声是城市环境噪声的主要来源之一。许多国家调查结果表明，城市环境噪声有70%来自汽车噪声。在这些车辆中，如载重汽车、公共汽车、拖拉机等重型车辆的噪声在89~92dB（A），而轿车、吉普车等轻型汽车的噪声在82~85dB（A）（以上均为距车7.5m处测量）。

（2）工业噪声

工业噪声主要来源生产和各种工作过程中机械振动、摩擦、撞击以及气流扰动而产生的声音。一般电子工业和轻工业的噪声在90dB（A）以下，纺织厂噪声为90~106dB（A），大型球磨机达120dB（A），风铲、风镐、大型鼓风机在130dB以上，不仅对生产和工作的工人危害很大，而且对周围的居民和城市环境都造成很大危害。

（3）施工噪声

随着我国现代化建设的发展，城市建筑施工噪声越来越严重。尽管建筑施工噪声具有暂时性，但是由于城市人口骤增，建筑任务繁重，施工面广工期长，因此噪声污染相当严重。据有关部门测定统计，距离建筑施工机械设备10m处，打桩机为88dB（A），推土机、刮土机为91dB（A）等等，这些噪声不但给操作工人带来危害，而且严重地影响当地居民的生活和休息。

（4）社会噪声

社会噪声主要是指生活人群活动出现的噪声。例如儿童哭闹、人们的喧嚣声、沿街的吆喝声，以及家用洗衣机、音响、电视机等发出的声音都属于社会噪声。它们一般在80dB（A）以下，对人没有直接生理危害，但都能干扰人们正常的谈话、工作学习和休息，使人心烦意乱。

4. 固体废弃物污染

固体废弃物污染指在人类的生产和生活中丢弃的工业固体废渣、城市社会垃圾和农业固体废弃物等造成的周边环境污染。固体废弃物对环境的污染不同于废水、废气和噪声。固体废弃物呆滞性大，扩散性小，对环境影响主要是经由水、大气和土壤进行的。废水和废气既是水体、大气和土壤的污染源，又是接受其所含污染的环境。固体废弃物则不同，它们往往是许多污染成分的终态。一些有害气体或飘尘，通过治理最终富集成为废渣；一些有害溶质和悬浮物，通过治理最终被分离出来成为污泥和残渣；一些含重金属的可燃固体废弃物，通过焚烧处理，有害重金属浓集于灰烬中。这些"终态"物质中的有害成分，在长期的自然因素作用下，又会转入大气、水体和土壤，故又成为大气、水体和土壤环境的污染源。

三、环境污染的特点

1. 环境污染危害范围大，且具有公害性

任何污染物进入环境后，都会随自然界能流、物流的循环，在环境中迁移、扩散、转化，其危害范围遍布全世界。如氯氟烃类化合物进入大气层，会破坏臭氧层，造成全球气候变化，危害人类和动物、植物生存。硫氧化物和氮氧化物进入大气层与雨、雪、雾作用形成硫酸和硝酸，并随雨雪降到地面形成酸雨，危害全球农作物和森林，腐蚀建筑物和露天机械设备。大量污水排入海洋会产生赤潮，危害海洋鱼类等生物生存，破坏海洋资源。

2. 环境污染危害对象广

环境污染不仅危害人类生存，而且危及地球整个生物生存。各种污染物通过大气、食物、饮水等多种途径进入人体，对人体健康的影响具有广泛性、长期性和潜伏性等特点，又具有致癌、致畸、致突变等作用导致慢性疾病的发生。例如，20世纪50年代前后，日本出现的水俣病和骨痛病，均是由于Hg、Cd污染引起的公害病。1984年印度博帕尔农药厂发生毒气泄漏事件，造成上千人死亡，5万多人终身残疾。大气污染造成森林，特别是热带森林的死亡，间接引起森林中动物的死亡。

3. 环境污染危害作用机制复杂

各类污染物进入环境后，有的会发生转化、代谢、降解等各种变化，从而生成更大毒性的污染物。如汽车尾气中的 NO_2 在阳光照射后，能生成光化学烟雾，刺激作用极强。各种污染物在环境中既可单独产生危害，又可协同产生危害，其危害作用机制十分复杂。

4. 环境污染作用时间长，且具有持久性

有些放射性尘埃和金属铅等，在环境中能无限期保持其毒性。土壤中的废塑料薄膜具有长期不降解的特点。地下水一旦被污染，要清除也是需要很长时间。

第二节 物业大气污染与防治

地球上的大气是环境的重要组成要素之一，是维持地球上一切生命赖以生存的最重要的物质基础。成年人平均每天约需要1kg粮食和2kg水，但对空气的需求就大得多，每天约13.6kg。不仅如此，如果三者都断绝供应，引起死亡的首先是空气。随着社会的发展，人们在生产和生活实践中，不断地影响着周围大气环境的质量。人与大气之间在不断地进行着物质和能量交换。大气环境质量直接威胁着人与动植物的生存。

一、大气及其污染的类型

1. 大气的组成

大气一词源于地学，大气和空气两个词的含义没有多大区别。一般来说，当对一个地区或全球性的气流进行研究时，常用"大气"一词；而针对居住区、工厂等物业环境中供人类和生物生存的气体而言，常用"空气"一词。

大气是由多种气体组成的混合物，其中含有一些悬浮的固体杂质和液体微粒。除去水气液体和固体杂质的整个混合气体，称为干洁空气，其组成部分最主要是氮、氧、氩三种气体，三者占大气总体积的99.9%，其他气体不足0.1%。

2. 大气环境污染的类型

大气环境污染主要取决于使用的能源的性质和污染物的化学反应特性，但气象条件也起着重要的作用，如阳光、风、湿度、温度等。从大气的历史来看，可根据不同的依据进行分类。

（1）根据污染物的性质划分

1）还原型（煤炭型）

这种污染常发生在以煤炭为主要燃料，同时也使用石油为燃料的地区，它的主要污染物是二氧化硫、一氧化碳和颗粒物，在低温、高温的阴天，风速很小，并伴有逆温存在的情况下，一次污染物在低空聚积，生成还原性烟雾。

2）氧化型（汽车尾气型）

这种类型大多发生在以使用石油为燃料的地区，污染物的主要来源是汽车排气、燃油锅炉以及石油化工企业。主要的一次污染物是CO、NO和HC。这些污染物在太阳光的照射下能引起光化学反应，生成二次污染物臭氧、醛类等物质。这类物质具有极强的氧化性，对人眼及黏膜能引起强烈的刺激。

（2）根据燃料性质和大气污染物的组成划分

1）煤炭型（煤烟型）

代表性污染物是由煤炭燃烧时放出的烟气、粉尘等构成的一次污染物，以及由这些污染物发生化学反应而生成的硫酸、硫酸盐类第二次污染物。造成这类污染的污染源主要是工业企业烟气排放物；其次是家庭炉灶等烧饭、取暖设备的排放。

2）石油型

主要污染物来自汽车排放、石油冶炼、石油化工等工厂的排放，主要污染物是NO_2、烯烃等碳氢化合物及其衍生物，以及它们在大气中形成的臭氧，各种自由基及其反应生成的一系列中间产物与最终产物。

3）混合型

包括以煤炭为燃料的污染源排放的污染物；以石油为燃料和原料的污染源排放的污染物；从工厂排出的各种化学物质等。例如日本横滨、川崎所发生的污染事件，便属于这一类型。

4）特殊型

指有关工业企业生产排放的特殊气体所造成的局部小范围的污染，如生产磷肥的工厂造成周围大气的氟污染，氯碱工厂周围可能造成氯气污染等。

二、我国大气污染的特点

我国是大气污染较严重的国家,其污染的特点表现在以下几方面:

1. 降尘和总悬浮颗粒,SO_2是我国大气污染的主要污染物。
2. SO_2降尘的污染程度北方城市重于南方城市,但酸雨现象,南方重于北方。
3. 从时间上看,我国的大气污染冬季重于夏季,污染物的浓度每天早、晚又高于中午。
4. 我国的产煤区,尤其是高硫煤区大气污染严重,局部地区的氟、铅等污染也很严重,这都与工业的发展和管理水平有关。

三、大气污染的危害

如果大气遭到污染,会对人类和动、植物的生存环境造成严重危害,并影响人们的生产、生活活动。

1. 大气对人体健康的危害

大气对人体健康的危害十分严重。一个健康的成年人每昼夜大约要呼吸15立方米的空气,如果空气受到了污染,那么,此人每天就要吸入15立方米的污染空气,这样对健康就会造成各种危害,如可以引起呼吸道各部位的炎症,引起慢性中毒、癌症,严重污染时就会危及生命。

大气污染对人体的健康危害可归纳为以下几种:

(1) 粉尘、烟尘污染

飘浮在空气中的粉尘污染物如果被人吸入,会引起尘肺病和肺感染。飘浮在空气中的烟尘污染物,具有很强的吸附力,很多有害物质都能吸附在微粒上而被吸入肺部,从而促成急性或慢性病症的发生。轻者会引起慢性鼻炎、慢性气管炎、皮肤病、眼角膜炎等。煤烟、汽车尾气还会诱发肺癌。

(2) SO_2、CO和氮氧化物污染

SO_2具有强烈的刺激性,人体吸入空气中的SO_2后,会引起咳嗽、胸痛、呼吸困难、呼吸道红肿等症状,造成支气管炎、哮喘病。严重的会引起肺气肿、癌症、中毒死亡。CO是无色无味的气体,毒性很大,人体吸入空气中的CO污染物后,很容易与血红蛋白结合,妨碍氧气的补给,轻者会引起头晕、头疼、恶心、疲倦等症状,重者会造成急性中毒、窒息死亡。氮氧化物会使人的中枢神经受损,引起痉挛和麻痹,人的呼吸器官有强烈的刺激作用,能引起哮喘病、肺气肿、肺癌和心脏、肝脏、肾脏的疾病。

(3) 铅污染

铅中毒会造成骨髓造血系统、神经系统的损害,会出现头疼、头晕、记忆力减退、失眠,并伴有食欲不振、便秘、腹痛等病症。大气中铅对儿童的大脑有严重损害,对智力发育产生不良影响。

(4) 烹调油烟污染

住宅厨房和各类餐饮店的烹调油烟是城市空气污染的重要来源,烹调油烟是一种混合型污染物,其中含有多种致突变物质,具有细胞遗毒性,据研究报道,烹调油烟是肺鳞癌和肺腺癌的共同危害因素。

另外,厨房使用的燃煤,燃烧时释放的煤烟会引起慢性呼吸道疾病,严重的会导致肺癌。

2. 大气对植物的危害

大气污染对植物的危害主要表现为：

(1) 在高浓度污染物影响下，会产生极大危害，使植物叶面产生伤斑坏死，或直接使叶面枯萎脱落，导致植物死亡。受二氧化硫污染影响的地区经常会出现酸性雨雾，其腐蚀性很强，可使大片农作物和森林受害或死亡。

(2) 在低浓度的污染物影响下，会产生慢性危害。如使植物叶片褪绿、发黄，影响植物生长。有的危害虽然从植物的外表看不出受害症状，但植物的生理机能却受到损害，造成植物生长减弱，抗病虫害能力下降，影响生长发育。

3. 大气污染对气候的影响

(1) 使全球气候变暖　近年来，由于大气污染使地球气候异常增温，赤道附近海水温度升高，形成厄尔尼诺（西班牙语：意为"圣婴"）现象。厄尔尼诺现象 2~7 年发生一次。发生时太平洋赤道附近海水异常增温，造成大量的海洋生物死亡，还会通过与大气的相互作用，使全球气候变化异常，造成世界范围内的旱涝灾害、风暴灾害等。

(2) 产生"温室效应"　随着工业和交通运输事业的发展，燃料用量不断增加，使大气中的二氧化碳含量不断上升。二氧化碳能吸收地球外的红外辐射，引起地面层温度增高。因此，大气中的二氧化碳就好像是防止近地层的热能散射到宇宙中的一个屏蔽，如同农业上所设的温室，称为温室效应。

(3) 破坏大气臭氧层　大气污染会造成臭氧洞，使太阳紫外线对地面照射强度增强，引起皮肤癌。

(4) 形成酸雨　大气受到硫酸氧化物、氮氧化物污染，并与雨、雪、雾结合形成酸雨，酸雨沉降到土壤后，会导致钾、钙、磷等类碱性营养物质被淋洗，而使土壤肥力显著下降危害植物。另外，酸雨对建筑物和露天设备也具有较强的腐蚀性。

4. 大气污染对"能见度"的影响

大气污染最常见的后果之一是能见度的下降。能见度是指视力正常的人在当时天气条件下，能够从天空背景中看到和辨认出的目标物（黑色、大小适度）的最大水平距离。能见度的下降不仅会使人感到不愉快，而且还会造成极大的心理影响。另外，还会产生安全方面的公害。能见度下降的原因是由于空气中的颗粒污染物对光的吸收和散射造成的。能见度主要受空气中二次颗粒污染物的影响，同时 CO_2、水蒸气和 O_3 浓度的增高也会改变空气对光的吸收和透射特性。

四、物业大气污染的防治

大气污染是多种污染源造成的，并受该区域的地形、气象、绿地面积、能源结构、工业结构、工业布局、建筑布局、交通管理、人口密度等多种因素的综合影响。为了控制大气污染，保护环境和改善人类生活的环境质量，必须采取有效的防治对策，加强大气污染的环境管理。

对于物业大气中的污染物的控制应采取以下策略：

1. 政府从城市整体的角度进行集中控制

是指政府从城市整体着眼，采取宏观调控和综合防治措施，如合理规划工业布局、调整工业结构、改变能源结构、集中供热、发展无污染的新能源（太阳能、风能、地热能等），以及集中和加工处理燃料，采取优质煤作民用的能源、控制污染的排放量等，以防治大气污染、改善城市环境质量，做到在合理发展经济的同时，保护城市大气环境。

2. 利用科学手段控制污染物的生成和排放

要积极运用无废、少废、节能的新技术、新工艺，推广环境保护的先进适用技术，把科学技术成果转化为生产力和治污能力。在污染未进入大气之前，使用除尘消烟技术、冷液体吸收技术、回收处理技术等消除废气中的部分污染物，减少进入大气的污染物数量。积极推广先进实用的环保设备，减少污染物的生成和排放量。加强对生产和生活过程中所产生的污染物在排放之前的各种治理手段，严格控制排放总量不超过法定的污染物标准。

3. 利用植物净化的作用

在城市和物业区域内有计划、有选择地种植植物是综合防治大气污染的长效和多功能的保护措施。绿化能够使空气达到自然净化，加强绿化不仅是为了美化环境，更重要的是为了净化空气，有些植物不仅能吸收二氧化碳呼出氧气，还能吸收其他多种污染物，可以大面积长期连续地净化空气。尤其是在污染物影响范围广、浓度较低的情况下，植物净化是行之有效的方法。在种植树木的同时，还要重视绿地建设，绿地既能净化空气，还能覆盖土地表面以防止尘土飞扬。人们在户外活动时能吸入新鲜空气，对于消除疲劳，促进新陈代谢，增强身体的抵抗力，提高工作效率等方面都有很大的作用。

4. 加强城市综合管理和物业区域内的局部污染源管理

由政府主管部门制定相应的控制措施，限制城市内的饮食服务业产生的油烟污染，禁止个体商贩沿街从事烧烤类经营活动，限制机动车进入物业区域，以减少汽车尾气的污染，采取措施减少粉尘污染，禁止燃放烟花爆竹等。在物业区域内建立相应的管理机构，对当地的局部污染源要转移方位或改善排烟装置，使油烟废气不致污染居住区，对于工厂等大型污染源所排出的废气，应进行治理以保证当废气扩散到物业区域后，物业区域内的空气质量仍符合我国大气卫生标准。

5. 利用大气的自净作用

大气的自净作用有物理作用（扩散、稀释和雨、雪洗涤等）和化学作用（氧化还原作用），在污染物排出总量基本恒定的情况下，污染物浓度在时间、空间分布上同气象条件有关。认识和掌握气象变化规律就有可能充分利用大气的自净作用，对已进入大气的污染物质，予以逐渐消除和减少。

6. 加强对大气污染的监测管理

对物业大气进行监测，能够及时了解物业大气的污染情况及其是否符合国家有关标准，以便于综合治理，促使物业大气环境的防治工作有目标、有方向地进行。

五、公共建筑室内空气污染及防治

1. 公共建筑室内空气污染状况

近年来对各类公共建筑（办公楼、写字楼、大型商场等）的物业管理已成为不少物业管理公司主要业务之一。而公共建筑的室内空气的质量与人的健康问题密切相关，自20世纪70年代以来，国外常有报道称某些工作人员和学生出现一些非特异性症状，主要表现为眼、鼻和咽喉刺激、干燥，甚至感到疲乏、无力、不适、头痛、记忆力减退等。由于这些主要症状似乎与建筑物有关，故称为"病态建筑物综合症"。虽然病因可能与室内的温度、湿度及生物电环境（空气中负离子的浓度）有关，但室内空气污染是造成病态建筑物综合症的最主要的原因之一。近年来，由于室内装修而引发的室内空气质量问题在中国也已越来越引人注目。

通常而言，公共建筑大多数采用带空调的强制通风系统，空间面积较大，且室内人员繁多，一些办公设备本身就是潜在的污染贡献源，室内空间的使用者大多数是健康的成年人，使用时间在8～10h。据对室内空气品质的一些调查结果表明，公共场合的人体排放污染物和甲醛等的潜在影响不明显，VOCs可能有一定的影响，而悬浮或沉积的颗粒物与病态建筑物综合症有较大的关系，其中以微细颗粒物和有机成分为主的颗粒物影响显著。

2. 公共建筑室内空气污染的控制措施

对于公共建筑室内空气污染的控制可以通过防止问题的产生和对已经比较明显的问题进行控制处理两个方面进行。可采取的措施包括：污染源的控制管理，暴露的控制及污染物的控制。

(1) 源头控制的策略　包括污染源的排除、去除和处理。所谓源排除主要是选择和开发绿色建筑装饰材料，通过使用电或较清洁能源来减少室内化石燃料等燃烧产生的燃烧污染产物，以及通过综合途径而不是依赖杀虫剂来控制室内的害虫，从而排除那些可能造成室内污染的源头。

我国推进的城市燃气工程也大大减少了室内的二氧化硫和烟尘污染源。室内禁止吸烟也是污染源排除的措施之一。

(2) 污染源的处理　即通过对污染源的处理和改善以减少污染物的散发（散发速率）。如通过乙烯基材料的表面涂层的方式延缓建材装饰材料中所含甲醛的挥发速率，从而控制减少室内浓度。可通过密封大理石贴面、地面间隙和混凝土的接缝减少氡的逸出。

(3) 通风　室内空气污染物的浓度可以通过污染程度较低的室外空气的稀释作用而降低。这些稀释作用可以部分或完全地通过渗漏、自然通风、强制或机械通风来完成。对于民用建筑，在较适宜的天气条件下可通过打开门窗来换气；在大热天和冬天则因门窗的关闭而主要通过渗漏来换气。另外，渗漏对于那些主要通过强制通风的公共场所的换气也有一定的作用。

第三节　水污染及其防治

一、水资源及其特征

1. 水资源

地球上的水是环境的重要组成要素之一，是基础性的自然资源和战略性的经济资源，是人类和一切生物赖以生存的物质基础。水资源的可持续利用，是经济和社会可持续发展极为重要的保证。

水是地球中分布最广的物质之一，是重要的自然资源，它覆盖地球表面的70%以上。在地球上水的总量约在$14\times10^8 km^3$，其中大部分存在于海洋、浅海及海洋沉积物中，淡水所占的比例不到2.7%，而且淡水的大部分以两极的冰盖、冰河和深度在750m以下的地下水的形式存在。由于开发困难或技术经济的限制，到目前为止，上述海水、深层地下水及冰盖和冰川等固体淡水很少被直接利用，仅是河流、湖泊等地表水和地下水的一部分，其储量约为$85\times10^5 km^3$，仅占地球总水量的0.64%。

水作为资源，必须是可为国民经济部门利用的物质资源，它是容易被人类利用，并逐年可更新的那部分淡水资源。

我国的水资源是比较丰富的,约居世界第六位,但由于人口众多,人均水量仅为世界人均水量的 1/4,且水资源在时空上分布很不均匀,占全国土地面积 63.7% 的北方诸流域,其水资源仅占全国水资源的 14.4%。而占全国土地仅 36.5% 的南方诸流域,水资源却占总量的 81%。在时间上,受季风气候影响,我国大部分地区降雨多集中在夏季,降雨量大时河流流量突然增加,但水流急,历时短,使水资源处于无法利用状态。水资源对我国是十分宝贵的,随着经济的迅速发展,用水量日益增加,与此同时水资源受到工业废水和生活污水的污染,水质日益恶化,据对 44 个城市水质调查结果表明,地下水有 93.2% 被污染,地表水 100% 遭到污染,因此正确认识我国水资源的特点,合理开发利用,防止水污染,保护水资源成为刻不容缓的任务。

2. 水资源的特点

水资源与其他自然资源相比,具有一些明显的特点:

(1) 维持生态平衡和环境的基本要素　水资源对维持人类生命、发展工农业生产和创造良好环境等方面的作用是其他资源无法替代的。

(2) 利用上的多用性　即一水多用,有多功能的特点。

(3) 经济上的两重性　即水资源具有水利和水害的两重性。

(4) 补给上的循环性　水资源属于再生资源,据测算,每年降到地面的水量形成地表径流和浅层地下水量约 $40 \times 10^{13} km^3$,但随着人口的增长,人均占有量是不断减少的,因此水循环仅保护了水资源的有限数量,并非提供"用之不竭"的水资源量。

总之,我们了解了水资源的特点,就能有意识地保护水资源,充分、合理、有效地利用水资源。

二、水体污染的基本类型

1. 需氧型污染

大多数有机物(及少数无机物)被水体中的微生物吸收利用时,要消耗水中的溶解氧。溶解氧降低到一定程度后,水中的生物(如鱼类)就无法生活。溶解氧耗尽后,水质就腐败,发臭变黑,恶化环境。这种由于废水中的有机物而引起的水体污染,称为需氧型污染,或有机型污染。我国绝大多数水环境的污染属于这种污染类型。

2. 毒物型污染

废水中的有机毒物(如酚、农药等)、无机毒物(如汞、铬、砷、氰等)以及放射性物质等排入水体后,就会使水生物受害中毒,并通过食物链危害人体。当饮用或接触被这类污染物污染的水时,能直接危害人体健康。这种因毒物排入而造成的水体污染,称为毒物型污染。毒物型污染一般发生于排放口附近的水域。重金属的毒性危害具有长期积累性,尤应注意。

3. 富营养型污染

含氮和磷多的废水一旦排入水环境,就会大量滋长藻类及其他水生植物。当冬天这些水生植物死亡时,就会使水中的需氧物猛增,危害水生生物的生长。长期的富营养化过程会使一个水体衰老化,由杂草丛生逐渐演变为沼泽。水环境的富营养型污染相当普遍,已成为当今世界普遍关注的环境问题之一。

4. 感官型污染

废水中的许多污染物能使人感到很不愉快，颜色、嗅味、泡沫、浑浊就属于此类污染现象，它对旅游环境的影响十分严重。

5. 其他

浮油、酸碱、病原体、热水等污染物能引起各具特色的水体污染，造成不同的污染危害。

三、水污染的危害

1. 水污染对人体健康的危害

（1）引起急性和慢性中毒　当水体受到化学有毒物质污染，人通过饮用受污染的水和食用受污染的鱼类、贝类等水产品会引起中毒。

（2）诱发癌症　水体如受某些有致癌作用的化学物质污染，人们长期饮用这类水或食用这类水中生长的水产品，会引起癌症。

（3）引发各种传染病　水体如受某些带有细菌、病毒的废水污染，会引发以水为媒介的各种传染病。如伤寒、痢疾、霍乱、肝炎、血吸虫病等。

2. 水污染对水生动、植物的危害

水污染会造成水质变坏、发黑、发臭、缺氧等，引起大量水生动、植物因缺氧中毒而死亡。

3. 水污染对淡水资源的危害

水污染会使地上水（河流、湖泊）、地下水（井水、泉水）变质、变黑、发臭，沉积物增加，干涸断流，从而使可采用淡水资源匮乏，城乡淡水供应紧张。目前，我国大城市普遍存在生产、生活用水缺乏现象，其主要原因之一，就是由于许多可用水资源被污染不能采用的结果。

4. 水污染对土壤、农作物的危害

用遭污染的水浇灌农作物，会使土壤板结硬化、盐碱化和毒化等，从而使农作物的生产受到严重损害，造成大面积枯萎、病虫害和减产。而且人们食用了这种污水灌溉的粮食、蔬菜和水果，身体也会遭受危害。

四、物业水污染的防治

众所周知，水污染具有公害性。工业废水和生活污水的产生和随意排放是造成物业水污染的主要原因。因此，防止水体污染首先要从断源开始，即控制污水的排放，减少污染源；进行污水处理，减少其污染物浓度。具体应从以下几方面入手：

1. 合理利用水环境容量

水体遭受污染的原因有两个：一是因为水体纳污负荷不合理；二是因为负荷超过水体的自净能力（环境容量）。因此对水环境的治理，应针对这两方面原因，分别采取对策。

（1）科学利用水环境容量

就是根据污染物在水体中的迁移、转化规律，综合计算和评价水体的自净能力，在保证水体目标功能的前提下，利用水环境容量消除水污染。水污染自净除了利用水体本身的稀释净化作用外，还可利用水生植物的净化作用、土壤对污染物的净化作用（如污灌、土地处理系统等）。

（2）结合调整工业布局和下水管网建设，调整污染负荷的分布

由于历史原因，污水就近排放、盲目排放的现象相当严重，这也是造成城市地面水污

染的一个重要原因，尤其是上游污水的排放，对城市地面水水质影响就更大。因此，在调整城市工业布局和城市管网建设中，应充分考虑这些因素；以保证城市水污染负荷的合理分布。如将水污染排放口下移或取水口上移；或将污染负荷引入环境容量较大的水体，如合理利用大江、近海海域的水环境容量等。

2. 节约用水、计划用水，大力提倡和加强废水回收

防治水污染最有效、最合理的方法是节约用水，如组织闭路循环系统，实现废水回用。因此全面节流、适当开源、合理调度，从各方面采取节约用水措施，不仅关系到经济的持续、稳定的发展，而且直接关系到水污染的根治。实践证明污水的再利用优点很多，它既可节约大量新鲜水，缓和工业和农业争水及工业与城市争水的矛盾，又可大大减轻接受污水的水体受污染的程度，保护天然水资源。

对于工业废水，首先要采取节流措施，即废水的循环利用。如回用造纸厂的白水，以减少洗涤用量。在一些情况下，废水可以顺序使用，即将某一设备的排水供另一设备使用。如，锅炉水力冲灰系统可利用车间排出的没有臭味、不含挥发性物质的废水。

3. 减少污水的排放量

改变传统的工业发展模式，使工业用水重复利用，并设法回收废液，尽量减少工业用水总量，这是减少污水排放量的基本方法。通过实施超标准用水高价收费的差别价格，促使工矿企业尽量减少用水量，也不失为一项有效措施。例如采用无水印染工艺代替水染工艺、高炉加装煤气洗涤用水循环设备，在互不影响的前提下实现一水多用等，都可以大量节约用水量。还有将处理净化的城市污水开发为新水源，这也是减少和节约用水的一种有效途径。

4. 降低所排污水的有害程度

通过综合利用或技术改进，尽量降低废水中污染物的浓度，也能有效减少污染。改进生产工艺，减少废水中的污染物浓度，提取废水中的有用成分，变废为宝；在厨房洗水槽内装滤水带，减少生活用水中的污染物等措施，均可降低所排污水中的有害程度。另外，减少洗涤剂的用量，对改善生活污水水质也有很大作用。

5. 加强废水处理环节，杜绝任意排放

为确保水体不受污染，必须在废水排入水体之前进行妥善处理，以免影响水体卫生状态和经济价值。对含有特殊有害物质的工业废液，应在工厂内设置专门的处理或回收设施进行处理，达到规定的污水排放标准才能排入公共污水水道。生活污水的排放，也要经过处理后才准排入自然水体。

6. 加强执法检查

任何单位和个人要严格遵守政府规定的水污染物排放标准。凡超过标准排放的，要限期治理；对严重危害饮用水源的，环保部门要依法采取强制措施责令减少或停止排放污染物；因排放污染物危害单位和个人并造成损失的，排污者应承担法律责任。

加强对水污染防治的监督管理。各级政府要把防治水污染纳入城市建设规划，建设和完善城市排水管网和污水处理设施。城市环保部门要严格企事业单位排污申报登记制度、排污检查监督制度、超标排污限期治理制度等。物业区任何单位和居民个人都有责任保护水环境，有权对污染损害水环境行为进行监督和举报。

7. 加强对水体及其污染源的监测

经常对物业用水和排水进行监测，了解物业水污染等情况及其是否符合国家有关规定和标准，确保物业使用者的用水安全和身体健康，同时，确保不造成对外界的影响和危害。这样可使物业水污染的防治工作有目标、有方向地进行，这是防止水污染严重化不可缺少的有效手段。

五、加强对生活饮用水二次供水卫生管理

在居住物业区域内，人们的生活饮水通常是从城市自来水厂送出的自来水，都是经过严格的净化处理和消毒的，水质符合我国《生活饮用水卫生标准》。但是，自来水从厂输出后，流入输水管网再到各个用户的过程中，就有可能再次受到污染。最需要引起注意的是二次供水系统带来的污染，很多高层建筑（住宅楼、办公楼、宾馆、饭店等）由于楼层很高，水厂的输水压力不够，所以，在5～6层以上的饮用水都要依靠二次供水系统才能输送到高层房间中，二次供水系统的输水管、蓄水池和水箱的内壁都是与饮用水接触最密切的部位，其内壁涂料的质量会直接影响到水质，内壁涂料中如含有水溶性的有毒成分，甚至具有致癌性的成分溶入水中后，就造成了对水质的二次污染；有的楼内由于水箱或蓄水池不够严密，从外面掉进多种污染物，甚至虫子、死老鼠、袜子、衣物等，再加上管理制度不严格，没有做到定期清洗，这些都会使水质受到严重污染，造成有时从水龙头放出的饮用水都能发出腥臭味。这种水质，已经不符合生活饮用水标准了，这种污染的水中往往含有很多病原体和有害物质，甚至含有致癌物。所以，二次供水这个环节一定要有严格的管理制度，要有专人负责，而且这方面的管理人员要经过专业培训合格后，才能上岗。否则，由于管理造成的污染会给广大饮用者带来多种潜在性的危害。

对二次供水的具体管理措施有：

1. 指定专人负责二次供水设施的具体管理，实行供水安全责任制。
2. 保证使用的各种净水、除垢、消毒材料符合《生活饮用水卫生标准》，实行定点采购，保证质量。
3. 每年至少必须清洗水箱两次，形成制度，并建立档案。
4. 对净水设施视净水效果及时更新或维护。
5. 配合卫生防疫机构抽检水样，每半年对二次供水的水质检测一次。
6. 保持设施周围环境的清扫保洁，以确保周围环境的卫生安全。
7. 采取必要的安全防范措施，对水箱加盖、加锁。
8. 对直接从事二次供水设施清洗消毒的工作人员，必须每年体检一次，取得卫生行政部门统一发放的健康合格证，方可上岗。
9. 禁止任何人毁坏二次供水设施及污染二次供水水质的行为。

第四节 噪声污染与防治

一、物业噪声的种类和特点

噪声是人们不需要的声音总称。一种声音是否属于噪声，全由判断者生理和心理上的因素所决定。对于某些人喜欢的声音，对于另一些人则认为是噪声，优美的音乐对正在思考问题的人却是噪声。噪声具有局部性，声音在空气中传播时衰退很快，它不像大气污染和水污染影响面广，而带有局部的特点。但在某些情况下，噪声的影响范围很广，如发电厂高压排气放空，其噪声可能干扰周围几公里内居民生活的安宁。

噪声污染在环境中不会有残剩的污染物质存在，一旦噪声源停止发声后，噪声污染也立即消失。噪声一般不会直接致命和致病，它的危害是慢性的或间接的。由于声音会妨碍人们的休息和健康，降低工作效率，所以研究噪声的特性、种类和危害并加以控制，是改善城市环境整体质量和保护人们健康的一件大事。

1. 物业噪声的种类

人们在使用物业时，所从事的各种生产活动、社会活动以及生活活动，都离不开声音。声音是人们沟通思想和感情、传播信息、研究和识别周围事物的媒介。然而有些声音的存在不但没有价值，而且会妨碍人们的生活和活动，甚至影响人体的健康。我们通常把这些使人烦躁、难受或受害的声音，称为噪声。噪声污染是指排放的环境噪声超过生态系统标准或国家及国际标准，对人的工作、学习、生活等正常活动以至人体健康造成妨碍和损害的环境现象。

适合人生活的环境声音在 15～45dB 之间，超过这个度量就构成了污染。环境噪声的表现形式是声音尖高、刺耳、杂乱和怪声等。具体来说，根据对人的影响程度，噪声分为以下几类。

(1) 过响声　过响声是指很响的声音，如喷气飞机发动机的声音、汽车声、汽笛排气声、材料切割声等等。过响声导致附近居民及从事各种活动的人员不得安宁，甚至引起头痛恶心、听力衰退、工作失误和效率低下等不良后果。

(2) 妨碍声　有的声音虽然不大，甚至是乐音，但由于发生在不恰当的时间和环境中，就成为妨碍人们交谈、学习、思考、睡眠和休息等的噪声。

(3) 不愉快声　有的声音是突发性的，具有强烈的心理刺激作用，使人听后感到刺耳、精神紧张或不愉快。

(4) 其他噪声　日常生活中其他不需要、无意义的声音，虽然没有对人的健康等方面有什么特殊的妨害，但也属噪声之列。

2. 物业噪声的特点

噪声是一种危害人类的环境公害。从这一点来看，它和大气污染、水污染一样，是一种环境污染。不同的是，噪声不仅具有客观性，还具有较强的主观性，它属于感觉公害。这是噪声污染与其他污染的显著不同。一般来说，噪声污染具有以下两个方面的特点。

(1) 主观性和相对性　一种声音是否属于噪声，其危害是大是小，不仅具有一定的客观性，还取决于受害人的生理与心理要素，一般没有绝对标准。同一种声音，对不同的人来说，反应是不相同的。如同一响度的声音，对老年人与青年人、脑力劳动者与体力劳动者、病人与健康人，所产生的反应、危害等效果是不一样的。对于某些人喜欢的声音，对于另一些人则可能认为是噪声。例如，优美的音乐对于正在思考问题的人来说可能是噪声。因此，环境噪声具有显著的主观和相对性，不同时间、不同地区和不同行为状态对噪声的判断是不同的。

(2) 局部性和分散性　噪声污染只局限于噪声源附近地区，随距离增大，噪声强度迅速减弱，不会像大气污染和水污染那样转移和富集。噪声污染没有储备性或积累性，噪声源一旦停止发声，噪声立即消失，没有遗留危害作用，这是噪声污染比较容易治理的一个方面。另一方面，噪声源在物业区域内极为分散，数量又比较多（例如每一辆汽车都可能是一个移动的噪声源），因此难以对噪声源进行集中处理。

二、噪声污染危害

一般认为40dB（A）是正常的环境声音，在此以上就是有害的噪声。噪声的危害主要是对人的危害，不过有必要指出，在过度寂静的环境（如在消声室）中，人也会感觉不适。

噪声污染的危害，主要表现在以下几个方面：

1. 对人体健康造成危害

强烈的噪声会对人体生理器官产生影响，导致多种病症出现。

（1）损伤听觉 近几十年来，关于噪声对听觉的影响的研究表明，噪声会造成耳聋。医学上规定：当500、1000和2000Hz三个频率的平均听力损力超过25dB（A）时，就称为噪声性耳聋，患这种耳聋的病人对面说话听起来有困难。在短期处于噪声环境时，即使离开噪声环境，耳朵也会造成短期的听力下降，但当回到安静的环境时，经过较短时间可以恢复，这种现象称为听觉适应。如果长年无防护地在较强的噪声环境中工作，在离开噪声环境后听觉敏感性的恢复就会延长，经过数小时和几十小时，听力可以恢复。这种可以恢复听力的损失称为听觉疲劳。随着听觉疲劳的加重会造成听觉机能恢复不全。

一般情况下，85dB（A）以下的噪声不至于危害听觉，而85dB（A）以上则会发生危险。统计表明，长期工作在90dB（A）以上的噪声环境中，耳聋发病率明显增加。

（2）对人体生理的影响 一些实验表明，噪声会引起人体紧张反应，刺激肾上素的分泌，因此引起心率改变和血压升高。可以说，20世纪生活中的噪声，是心脏病恶化和发病率增加的一个重要原因。

噪声会使人的唾液、胃液分泌减少，胃酸降低，从而易患胃溃疡和十二指肠溃疡。一些研究指出，某些吵闹的工业企业里，溃疡病的发病率比安静环境的高5倍。

据2002年报道，噪声引发的职业病的发生率在城市职业病中高居榜首，约为10%～12%。长期接触噪声的人通常会产生头痛、眩晕、失眠、多梦、记忆力衰退及全身疲乏无力等症状。80dB（A）以上长期职业性暴露的人，其临床脑电图阳性率显著增高。噪声对青少年的智力发育也有严重的影响。

近年还有人指出，噪声是刺激癌病的病因之一。有些生理学家和肿瘤学家指出：人的细胞是产生热量器官，当人受到噪声或各种神经刺激时，血液中的肾上腺素显著增加，促使细胞产生的热能增加，而癌细胞则由于热能增高而有明显的增殖倾向，特别是在睡眠之中。

（3）使消化机能减退 强烈的噪声会影响人的消化液分泌，使人食欲不振，消化不良，抵抗力减弱，使健康水平下降，易引发各种疾病。

2. 干扰睡眠，影响休息

强烈的噪声，会使人不能正常入睡，在夜间睡眠中受噪声干扰，人们会被惊醒，长期下去，会引发各种疾病。

3. 影响人们情绪，引起烦恼

高频率的噪声会引起人厌烦、发怒，情绪变坏；连续不断的噪声或时停时发的重复性噪声，更会使人厌烦、激动、发怒和情绪变坏，甚至失去理智。因噪声干扰引发的民间纠纷时常出现。

4. 干扰语言交流

强烈的噪声会影响人的正常交谈，影响正常工作和学习秩序。

5. 会引发人身伤亡事故

由于噪声影响了人的休息、睡眠，会造成工作中打瞌睡、注意力不集中和反应迟钝，而引发各种交通事故和工伤事故。

6. 对动物的影响

噪声除对人类有危害外，对动物的危害也是极大的。强噪声会使鸟类羽毛脱落，不下蛋，甚至内出血，最终死亡。如20世纪60年代初期，美国F104喷气机作超声速飞行实验，地点是俄克拉马市上空，飞行高度为10000m，每天飞行8次，共6个月。结果，在飞机轰隆声的作用下，一个农场的10000只鸡被轰隆声杀死6000只。

三、物业噪声的控制途径

噪声污染已成为我国环境污染的重要组成部分之一。据不完全统计，我国城市交通噪声超过70dB的道路占70%；城市区域噪声也很严重，有60%的面积超过了52dB。城市工业噪声和建筑施工噪声污染也呈上升趋势，由此而引起的环境纠纷不断发生。因此控制噪声污染是环境保护工作中的一项重要内容。

构成噪声污染有三个要素，即声源、声音传播的途径和接受者，只有这三个要素同时存在，才构成噪声对环境的污染和对人的危害。控制噪声污染必须从这三方面着手，既要对其分别进行研究，又要将它们作为一个系统，综合考虑。原则上讲：优先的次序是噪声源的控制，即减少和消灭声源，其次是传播途径控制，使噪声在传播途径中减弱强度，再就是采取对接受者保护措施。

在实际治理噪声污染过程中，主要是断绝噪声声源、发展隔声设备、立体绿化工程及加强管理和严格执法。切断噪声源的主要工作有：控制建筑工地白天和夜间施工的时间；工厂、装修车间在室内控制声音和隔声；打桩、冲击、汽车鸣笛等均应严格控制；保持行车路面平整和限制汽车夜间行驶速度，可使汽车不过分颠簸、振动；不准设置和播放高音喇叭等等。发展隔声设备方面主要应大力发展隔声墙、隔声树林和自然吸声的立体绿化工程等等。

对于物业噪声来说，物业管理者可采用以下具体措施来控制物业区域的噪声污染：

1. 加强绿化

植物不但可以净化空气，调节温度和湿度，保持水土，防风固沙，而且还可以消声防噪。物业环境管理者应在所管物业区域内，多种植树木、花草，以达到消声防噪、美化环境的目的。

2. 限制车辆进入物业区域

完全限制车辆进入物业区域是不太可能的，但可以在数量上进行限制，并禁止车辆在物业区域内鸣笛。还可以对物业区域内机动车道路采取曲线型，使车辆进入物业区域后不得不降低速度以减少噪声。特别需要注意的是，应尽量避免使物业区域的道路成为车辆的过境交通要道。

3. 加强精神文明建设，制定必要的管理办法

对生活噪声来讲，加强精神文明教育和建设，让物业业主、使用人和受益人懂得尊重别人就是尊重自己的道理，尽量减少生活噪声，如娱乐声、爆竹声等，不失为一个积极的

办法。同时还应制定必要的管理办法,以作为防治生活噪声的辅助措施。

4. 对于居住区与工厂混杂的情况,应从以下方面对噪声污染进行控制:

(1) 对于混杂在居住区的工厂

1) 对于严重扰民的噪声来源,必须治理。可分别采用隔声、吸声、减振、消声等技术,无法治理的要转产或搬迁。

2) 厂内可以通过合理调整布局解决噪声问题,如对噪声大、离居民区近的噪声源,可迁至厂区适当位置,减少对居民区的干扰。

3) 工厂与居住之间应留有一定间隔,应用间隔的绿化来防噪。

(2) 对混杂在工业区的居住区

从长远规划考虑,应限制工业区中的居住区的发展,并应制定逐步将居民迁出工业区的计划。短期内,必须在居民区四周设置绿化隔离带,根据噪声防治要求,选择绿化树种、绿化带宽度。

另外,物业管理部门还可与有关部门协调限制其他噪声,如限制工地施工和家庭装修作业时间,以减少其对居民的影响等。

第五节 物业装修管理

物业装修是指楼宇竣工交付使用后,新来的用户(购房业主或使用人)办理完入住手续后,在正式入住前有权根据各自生活和工作的要求,对所购买或租赁的房屋进行重新分隔和装修。因此,有的楼宇在竣工时室内未作装修,由待进入的住户自己装修。住户调换后,新住户往往又要将原来的装修推倒,按自己的意图进行再装修。以上两种装修不管是哪一种,习惯上,称为室内装修或二次装修。

一、物业装修的特点

物业二次装修一般是在原有工程的基础上进行的,加上业主或使用人入住的时间先后不同因素,造成它具有与一般装修所不同的特点。

(1) 房屋室内装修应符合原建筑工程的技术规范,不能突破原有的一些规定性的技术指标。如:地面负荷重量不能超过设计规定,承重墙不能拆除,不能改变房屋结构,用电量不能超过额定容量等等,否则将引起不堪设想的后果。

(2) 房屋室内装修大多是在楼宇已有人住户的情况下进行的,因此装修施工应不破坏相邻住户的生活和工作。如住宅区内夜晚 21:00 以后不能从事有强烈声响及油漆等有刺激性气味的工作,否则将引起相邻住户的投诉,但这种情况在实践中很难避免,有时搞得意见很大,应引起管理者的重视。

(3) 对施工人员的素质要求比较高,不仅要有良好的技术,而且要遵守楼宇管理的各种规定,听从管理人员管理等等。目前从事房屋室内装修的人员很杂,素质高低不一,有的素质差的施工人员往往图省力,夜间乘人不备将装修垃圾从高处往地下乱扔,或者乱倒垃圾、杂物,个别不良分子还乘机盗窃,应引起管理者的重视。

(4) 装修施工中的防火要求特别重要。由于在房屋装修中,施工部位原有的消防设施临时拆除,而施工中往往有油漆等易燃物品甚至要动用明火,这就给防火管理带来一定的困难,因此对室内装修中运用明火要作出严格的规定。

二、房屋装修中存在的问题

随着人们生活质量的提高，房屋装修成为人们的普遍追求。由于我国房屋二次装修起步晚，市场不规范，尽管国家和地方政府都制定了装修管理条例和规定，但由于管理不严，加之有许多业主或使用人无视法规、条例，违章装修住宅，由此引发了许多环境问题，还有的造成了严重的事故隐患。因此，必须加强对装修的管理。房屋装修中存在如下问题：

1. **违章装修造成许多隐患**

有的破坏了主体结构；有的推倒了承重墙；有的在墙上打孔打到邻居家；有的凿地面忽视限度，导致往楼下渗漏水；有的在顶棚上装修时把天棚板钻穿了；有的铺超厚的石材地面，超过楼板荷载；还有的私自拆改管线，破坏防渗层，造成渗漏和使用功能的破坏，不仅影响住户本身，而且影响上下左右邻居；有的随意扩大住房面积等。

2. **装修材料不合格**

一是有的装饰材料含有严重污染物，如材料的放射性超标、含有有毒有害物质等，对业主造成损害；二是所用装饰材料质量差，易造成开裂、变形、表面脱落等，影响装修质量。

3. **装修造成环境污染**

一是装修中产生严重噪声，且不分白天夜间，搞得四邻不安，影响其他业主正常休息、生活、工作，往往酿成邻里纠纷，影响社会安定；二是装修废料乱扔、乱倒、乱放，影响环境卫生。

4. **造成社会财富的巨大浪费**

主要反映在建筑材料上，许多家庭装修将做过粉刷的墙面、屋顶统统铲掉，将安装好的门窗拆掉，厨、卫、暖、电设备换掉，将隔断墙打掉等等，不仅工程量大，而且拆下来的材料几乎全部成了垃圾，带来严重的环境污染；反过来又要重新购进大量材料，比原始施工时所进的材料更多、更高级。这是一笔巨大的社会财富的浪费。

如此违章装修，不仅危害当代，而且殃及后代，还造成不必要的浪费，必须引起物业管理部门的高度重视，采取切实措施，加强管理。

为了保护物业业主的合法权益，规范物业管理，国家和地方出台了一系列物业管理法规，对房屋装修也提出了具体规定，要求房产管理行政部门和物业管理公司加强对房屋装修的管理。在装修前，要求物业业主必须向物业管理公司进行申请登记，填写申请表，领取"装修规定"，得到批准后方可动工，以确保整个装修工程在规定范围内，保护毗邻产业、公共设施和环境卫生等。工程完工后，由物业管理公司协同管理处进行验收，并按装修范围的大小缴纳一定的管理费，以确保物业安全、业主利益和物业环境不被破坏。

三、房屋装修原则

房屋装修装饰是一门实用艺术，是功能性和艺术性的统一。它既要满足工作、生活的功能需要，又要满足人们的审美需求，还要保证业主安全，不留隐患。所以，"以人为本"是房屋装修装饰的原则，主要体现在以下几个方面：

1. **注意功能需求**

如果是办公楼宇的装修，在装修时要考虑到办公桌、椅、柜、办公设备（复印机、计算机等）的安置，并确保不相互干扰。如果是小区居室的装修，要服从居室各部分的功能性要求。比如厨房和卫生间，既要考虑设施相对完善，又要留有一定的空间，尤其是卫生洁具的合理选择和恰当布局，直接影响到生活质量。又如客厅是家庭成员的共享空间；卧室主要是用来睡眠、休息的，都要根据不同功能加以布置，同时，还要注意充分利用原有条件，在保证使用功能的前提下，尽量少花钱。

2. 强调健康性

室内空间相对室外是较封闭的空间，空气极容易受到污染，而且污染程度往往比室外更严重。由于大多数人80％左右的时间是在室内度过，因此室内空气污染对人体的危害远远大于室外空气污染。因此，如何在居室装修中注意通风、换气、挑选健康型、环保型、安全型的绿色建材、家具、装饰物等，是居室装修的健康性要求。

3. 满足审美需要

审美是人的基本需要，在满足基本功能、健康需求的基础上，按审美情趣的需求做艺术装潢布局，是体现个性风格的重要标志，也是提高装修质量的重要内容。

四、房屋装修管理规定

装修规定一般有三部分内容，一是对业主的管理规定，二是对施工队的管理要求，三是装修中物业管理公司对巡查、验收的规定。有的物业管理公司以一种规定形式出现，由最终责任人业主与直接责任人施工队负责人共同签字，承担各自责任；有的物业管理公司以两种规定形式出现，装修管理中的规定由业主负责，装修责任书中的规定由施工队负责人负责。

1. 业主装修规定

业主装修规定有如下几项内容：

（1）报批程序　业主装修房屋需提前一周向物业管理公司申报，领取装修申请表，详细、如实填写项目、范围、时间、施工队伍名称等。业主和施工队负责人应同时在《房屋装修申请表》上签字盖章。经物业管理公司审批，并与工程队签订《装修工程队责任书》后方可进行施工。

（2）装修范围

1）任何装修不得擅自改变房屋的柱、梁、板、承重墙、屋面防水隔热层、上下水管道、电路等。

2）不准擅自凿除楼面，屋面面积只允许凿毛，地面装修材料不准擅自用瓷砖、大理石以及其他超重材料进行装修。

3）不得擅自封闭阳台或改变阳台的用途。

4）不准擅自改变原有外门窗的规格及墙面装饰。

（3）装修时间　装修时间必须安排在每天上午8：00～12：00，下午14：00～21：00，不得延长施工时间，以免影响他人休息。否则，物业管理公司有权给予停水、停电的处理。

（4）装修垃圾　装修垃圾必须按物业管理公司指定的位置堆放，以便统一清运。根据工程量的大小，垃圾清运费从住户缴付的装修押金中扣除。

（5）装修管理费用　住户装修必须预缴一定数额的押金。装修完毕后，由物业管理公司派人进行检查。如果住户无违章装修，按规定退还押金；如果住户有违反规定进行的违章装修，除没收押金外，视违章装修情况给予恢复原状、罚款等处理。装修工程完工半年内,如发现因装修施工造成管道堵塞、渗漏水、停电、损毁他人物品或公共设施等,由装修户负责修复和赔偿。

2. 装修工程队的责任

为加强对装修工程队的管理,凡住户申请装修经物业管理公司审批同意后,工程队进行施工前必须签订《装修工程队责任书》,其主要内容如下:

(1) 缴纳管理费 装修人员住户装修时,必须向物业管理公司缴纳一定数额的管理费。

(2) 预缴押金 承担室内装修的工程队或人员,须预缴装修押金,装修完毕按规定退还。

(3) 办理临时出入证 办证时需申报工种、人数、装修时间,并交一张一寸照片。

(4) 保证各楼层公共设施的完好 不能随意按电梯按钮;不得在电梯内乱写、乱画;不能撬各种门锁;禁止超长超宽装修材料使用电梯运送;做到保持楼层的干净、美观等。如违反规定,物业管理公司将采取停电、停水、罚款等形式进行处理。由此所耽误的工程进度,由施工负责人负责。

(5) 保证住户原电器及卫生设备的完好 用电时,要采用适当的插头,严禁用电源线直接接在漏电开关上;在装修过程中,需要进行电焊工作的,必须事先向物业管理公司提出申请,方能施工,严禁在室内抽烟、用电炉做饭,做到安全防火等。如有违反,由施工队及有关施工人员负一切经济损失及法律责任。

(6) 装修时间 装修时间为上午8:00~12:00,下午14:00~21:00。如果住户装修工期紧,需加班加点时,禁止使用电动机械和发出各种噪声,禁止晚上在楼内喷油漆、烤漆,避免影响邻居的正常休息。

(7) 严格按照有关规定装修 如住户要求违章装修时,应予解释说明,不予装修。否则,除住户承担责任外,工程队也应承担一定的责任。物业管理公司有权停止违纪工程队进行装修工作。

(8) 遵纪守法 装修施工人员和物业管理公司工作人员都要遵纪守法,加强协作与沟通,共同维护住户装修秩序。

住户自托亲朋好友进行装修,按照上述各条办理。

3. 装修巡查规定

在装修过程中要求房管员对分管责任范围内的装修户每日进行一两次巡查。

(1) 巡查内容

1) 核实申报范围,对超出申报范围的,及时要求补办手续。

2) 督促装修人员按章操作,不损害业主的利益,不违反装修管理规定。

3) 发现违章装修要立即制止,并按违章处理规定进行处理。

(2) 巡查规定

1) 对巡查中发现新情况时,应详细记录,并及时向管理处主任汇报,征求处理意见。

2) 业主(住户)超出申报范围,房管员应督促业主(住户)办理申请手续。

3) 发现违章装修,按违章处理程序的规定执行。

4. 装修工程的验收

(1) 装修工程完工后,为了使装修的物业能正常使用,保证其质量与外观,在装修施工结束后必须验收。由业主（使用人）通知物业管理企业，由物业管理企业的管理部门组织工程部及其他部门进行验收。

（2）电路上下水管线等隐蔽工程改造，必须在隐蔽前进行验收。如未验收，物业管理企业有权要求拆除隐蔽部分遮挡，再进行验收。否则由此造成的损失由业主（使用人）负责。

（3）消防变更工程由业主（使用人）向消防部门提出验收申请。通过验收后，再向管理处提供合格证明，物业管理企业检查是否符合小区（大厦）的总体规定和要求。

（4）竣工验收合格后，由物业管理企业工程部向业主（使用人）出具竣工验收单。验收不合格时，限期更正，再进行复检，直至合格。

（5）业主（使用人）凭竣工验收单到物业管理企业财务部领回装修押金，并缴纳有关费用；如有违章装修，除没收押金外，应责令业主（使用人）进行恢复，并做罚款处理。

五、加强对房屋装修的科学管理

1. 装修公司的选择

选择装修公司是房屋装修管理中的一件大事。物业管理公司从所管理的楼宇、小区的安全及业主或使用人的利益考虑，一般选择几个成熟的装修公司作为固定施工队伍。住用户需要装修时，就将这几家公司推荐给他们。

但实际上，由于诸多因素造成许多住用户不一定接受物业管理公司推荐的装修公司，而自行寻找装修公司。这时，物业管理公司应提醒用户选择装修公司不能急，避免"病急乱投医"，而应认真仔细地找，要了解装修公司的资质，了解它的施工队伍技术实力，了解它的可靠程度，考察它所干的工程质量，真正找到好的装修公司。

另外，业主或使用人自行确定了装修公司以后，在正式进行房屋装修前一定要签订详细的书面协议，以防止日后"口说无凭"；应将房屋装修所需要用的材料、时限、工程造价、施工面积、技术参数等有关条件写进施工协议中；在装修完成后，还要向施工者索要发票。只有这样，当房屋装修出现质量问题而发生纠纷时，才能提出充分证据，并依据法律保护自己的权益不受侵害。只有这样，才能保证房屋装修质量，让人无后顾之忧。

2. 房屋装修的现场监护

装修现场监护是房屋装修管理的关键。房屋装修的各种协议规定，都要靠现场监护来落实。物业管理公司应派人对施工现场进行定时和不定时的监督检查。

（1）审查装修公司施工人员的情况，坚持执行凭证出入楼宇、小区制度。

（2）控制装修公司动用明火，施工现场不准吸烟。除按规定在施工现场配置消防器材外，还应有专人负责防火安全。

（3）监督装修公司按批准的设计图纸进行施工，防止装修公司置原有的设计于不顾而另搞一套，造成对楼宇结构、设施的损害。

（4）阻止装修公司不合时宜地进行有强烈声响和刺激性气味的工作，避免造成对其他业主或使用人正常工作、生活的影响。

3. 物业管理公司在执行装修监督职责时，应抓好如下三个环节的工作：

（1）物业管理公司在接受住户装修申请时，应当将装修房屋的禁止行为和注意事项告知业主或使用人。

（2）物业管理公司在住户装修施工中应进行现场监督，装修施工完毕后应进行检查验收，保证装修符合规定的要求。

（3）物业管理公司发现装修违规行为，应当劝阻制止并督促改正；对拒不改正的，应当及时告知业主委员会并报有关行政管理部门依法处理。

复习思考题

一、名词与术语

环境污染　大气污染　水体污染

二、思考题

1. 从环境要素的角度来看，环境污染可分为哪些种类？其污染源有哪些？
2. 大气环境污染有哪些类型？有哪些危害？
3. 如何对物业大气环境污染进行防治？
4. 对于公共建筑室内空气污染应采取哪些防治措施？
5. 水资源有哪些特征？
6. 水体污染的基本类型有哪些？水污染会产生哪些危害？
7. 对于物业水污染的防治，应从哪些方面进行控制？
8. 如何防治物业二次供水的污染？
9. 噪声污染的种类有哪些？其危害表现在哪些方面？
10. 如何对物业噪声污染进行控制？
11. 物业管理公司如何加强物业装修的管理？
12. 请从网上查阅关于居住环境和室内环境的最新消息。

第三章 物业环境卫生管理

环境卫生是保证人们健康、愉快工作和生活的必备条件，也是物业管理的重要任务。环境卫生管理是一项经常性、长期性的管理服务工作，其目的是净化环境，给住用人提供一个清洁宜人的工作、生活环境。良好的环境卫生不但可以保持物业区域容貌整洁，而且对于减少疾病、促进身心健康十分有益。同时，对物业区域内精神文明建设也有很重要的作用。

环境卫生管理工作也是最为人们所感觉的，与住户联系最直接的工作，是宣传企业形象的重要途径之一，所以物业管理公司在这方面尤其要注意工作的全面与细致。

第一节 物业垃圾的污染与防治

物业垃圾与废气、废水一样，都是业主和使用人生产和生活的代谢产物。随着社会经济的发展和人民生活水平的提高各种垃圾的排放量猛增。日益增长的垃圾给环境带来很大危害，成为影响环境污染的主要因素之一，是城市四大公害之一。

一、物业垃圾及其来源

1. 垃圾

垃圾也称废物，指人类在生产、加工、流通、消费生活等过程提取有用成分之后，被丢弃的固体、半固体（泥状物）和液体质。

随着人类文明社会的发展，人在索取和利用自然资源从事生产和生活活动时，由于受到客观条件的限制，总要把其中的一部分作为废物丢弃。另外，由于各类产品本身有其使用寿命，超过了寿命期限，也会成为废物。但"垃圾"是一个相对概念，是有一定时空条件的。往往一种过程中产生的垃圾，可以成为另一过程的原料，所以垃圾也有"放在错误地点的原料之称"。随着时间的推移和技术的进步，人类所产生的垃圾将越来越多地被转化为新的原料。因此，从这个意义上讲：它们不是废物，是资源，这就是垃圾的二重性。

2. 垃圾的来源

垃圾主要来源于人类的生产和消费活动。人们在资源开发和产品制造过程中，必然有废物产生，任何产品经过使用和消费后都会变成垃圾。

在城市中垃圾的来源可包括工农业生产、家庭、商店、学校、机关团体等生产、生活活动中的各种废弃物。

二、物业垃圾的种类

垃圾的分类方法有很多种，可以根据其性质、形态和来源进行分类。如按其化学性质可分为有机废物和无机废物；按其形态可分为固体（块状、粒状、粉状、泥状）废物和液体废物；按其危害状况可分为有害废物和一般废物。

1. 按物业垃圾来源，一般可分为工业废物、生活垃圾、街面垃圾和农产品废物四类。

(1) 工业废物　包括固体废渣和有害污染物两大类。

固体废渣是指工业生产、加工过程中产生的废弃物。包括：工业原料废料和工业燃料废料；建筑业的废弃物，如砂石、灰土、砖瓦等废料形成的建筑垃圾；建筑装修、装饰过程中丢弃的废旧材料等。另外，发达国家的不法企业向发展中国家倾销工业垃圾，外来的"洋垃圾"会造成意外的严重污染，值得高度重视和警惕。

有害污染物是指对人们的健康或环境造成现实和潜在危害的工业废弃物。主要有核工业、化学工业、制革工业、食品加工业、医疗单位等生产过程中排放的有放射性、腐蚀性、易燃性、传染性的垃圾物质，它具有更大的危害性。这种垃圾在迅速增多，由此给人造成的损害也呈增长趋势。

(2) 生活垃圾　包括居民丢弃的大件家庭物品、厨房废料、废塑料、废纸张、茶叶、碎玻璃、金属制品、炉渣、粉煤灰等。在城市，由于人口不断增加，生活垃圾正以每年10%的速度增加，构成一大公害。生活垃圾中一些物品本身并不造成污染，但由于属废弃物，垃圾过多无法处理而与其他垃圾混在一起发生腐烂，也造成污染。纸张垃圾就是其一。

(3) 街面垃圾　包括自然物，如落叶、灰尘等，公众丢弃的纸屑、果皮、烟头，或吐出的痰、口香糖残渣和其他废品，以及城市建设中残留在街面的沙土、污水等物品。街面垃圾是造成物业和城市脏、乱、差的重要因素。

(4) 农产品废物　是指农业生产、产品加工和农民生活排出的废弃物品。如农作物秸秆、蔬菜、果壳、水果、烟草、农药、塑料薄膜、人畜粪便等，它对农村和城市周边环境造成污染。

2. 物业垃圾按回收目的划分，可分为资源型垃圾、可燃型垃圾、不可燃型垃圾、有毒型垃圾和大型垃圾五类。

(1) 资源型垃圾　主要是指酒类、饮料类、调味晶类的瓶罐盒等以及报纸、宣传品、纸箱、旧衣物、被褥、鞋帽等。这些垃圾可以通过回收分类，处理后转化为可利用的资源，称为资源型垃圾。

(2) 可燃型垃圾　指回收后可以通过燃烧并处理的垃圾，并且此类垃圾燃烧对人体和环境不会产生危害，特别是能够避免二次污染物的产生。如菜根烂叶、变质水果、纸类、木块、食用废油等。

(3) 不可燃型垃圾　是指通过回收后不能采用燃烧的方式采处理的垃圾。这种垃圾如果采用燃烧方式可能会造成有损人体健康，导致环境进一步污染或产生新的二次污染物。另外，应该引起重视的是，有些垃圾本身无毒无害，但是通过燃烧后，就可能产生了有毒有害物质，有些可能在燃烧时还会产生危险。不可燃型垃圾主要包括玻璃、金属、塑料、皮革、小型电器等。

(4) 有毒型垃圾　是指具有毒性的废弃物，如干电池、月光灯管、消毒物品残罐、温度计、放射性残渣等。

(5) 大型垃圾　主要是指废弃的家具、自行车、摩托车、电视机、电冰箱、洗衣机、消毒柜、微波炉、洗碗机、空气清新器、空调等大型电器。

3. 物业垃圾按其性质分可分为有机废物和无机废物。

(1) 有机废物

1）食品类：食品垃圾是指居民家庭厨房、单位食堂、餐厅、饭店、菜市场、水果商店等处产生含水率高，易腐烂的食品和果皮垃圾，这部分垃圾热值低，却易生物降解。

2）纸类：主要包括家庭、办公场所、流通领域等产生的纸类废弃物，这部分垃圾属易燃有机物、热值高。

3）塑料类：主要指塑料、皮革、橡胶等废弃物，这部分垃圾也属于易燃有机物，热值高，但难以生物降解。

4）织物类：主要指纺织类废物，属易燃有机物、热值较高。

5）木竹类：包括各种木材废品、树木及落叶等，与纸类同属纤维类有机物，易燃且热值较高。

（2）无机废物

1）灰土：主要包括煤灰和街道清扫土，这部分垃圾的含量多少主要决定于城市燃料结构。

2）砖瓦：主要指各种砖头、瓦块、碎石等。

3）玻璃：主要指各种玻璃器皿。

4）金属：主要指各种饮料的金属包装壳及其他零碎的金属。

三、物业垃圾对环境的危害

1. 侵占土地

垃圾不及时加以处理和利用，就需占地堆放。随着垃圾累积量的增加，使占地大量增加。据估计，每堆积1万t废物垃圾，占地约需0.0667hm^2（1亩）。截至1993年，我国单是工矿业固体垃圾历年累计堆存量就达59.7亿t，占地52052hm^2。随着我国农业生产的发展和城乡人民生活水平的提高，城市垃圾占地的矛盾日益突出，例如：根据北京市高空远红外探测的结果显示，北京市区几乎被环状的垃圾群堆所包围。我国的其他城市，特别是大城市，都有类似的情况。

2. 污染土地

垃圾长期露天堆放，其中有害成分经过风化、雨淋、地表径流侵蚀很容易渗入土壤中，不仅会使土壤中的微生物死亡，使之成为无腐解能力的死土，而且这些有害成分在土壤中过量积累，还会使土壤盐碱化、毒化。由于工业固体废物中的有害物质释入土壤，积累过量导致土壤破坏、废毁、无法耕种的事例很多。

如果直接用垃圾、粪便或来自医院、肉联厂、生物制品厂的废渣作为肥料放入农田，其中的病原菌、寄生虫等就会使土壤污染，被病原菌污染后的土壤，可通过下面两条途径使人致病：

（1）人与污染后的土壤直接接触，或生吃该土壤上种植的蔬菜、瓜果致病；

（2）污染土壤中的病原体和其他有害物质，随天然降水径流和渗流进入水体，再传入人体。垃圾、粪便长期弃置郊外，作为堆肥使用，使土壤碱性增加，重金属富集。因过量施用废物使土质被破坏的土地每年有近7000ha，从而影响农业生产。受到污染的土壤，由于一般不具有天然的自净能力，也很难通过稀释扩散的办法减轻其污染程度，所以不得不采取耗资巨大的办法解决。

3. 污染水体

垃圾一般通过下列几种途径进入水体使水体污染：

(1) 垃圾随天然降水流入江、河、湖、海，污染地表水；
(2) 垃圾中的有害物质随水渗入土壤，进入地下水，使地下水污染；
(3) 较小的颗粒、粉尘随风散扬，落入地面水，使其污染；
(4) 将固体废物直接排入江、河、湖、海，使之造成更大的污染。

由于许多企业的工业废渣堆放无地可征；我国有不少场所直接把废渣排入水体，每年约4000多万 t，仅电厂每年向长江、黄河等水系统排放粉煤灰500万 t。有的企业在排污口外形成的灰滩已延伸到航道中央，长江上游的一些企业排出的灰渣在河道中大量淤积，将对中游的大型水利工程造成潜在的危害。固体废物直接排放河流、湖泊或海洋，又能造成更大的水体污染——不仅减少水体面积，而且还妨碍水生生物的生存和水资源的利用。

4. 污染大气

垃圾一般通过如下途径污染大气：一些有机固体垃圾在适宜的温度和湿度下被微生物分解，能释放出有害气体；以细粒状存在的垃圾，在大风吹动下会随风飘逸，扩散到很远的地方；运输过程中产生的有害气体和粉尘；固体废物本身或在处理（如焚烧）时散发的毒气和气味等。典型的例子是煤矸石的自燃，曾在各地煤矿多次发生，散发出大量 SO_2、CO_2 和 NH_3 等气体，造成严重的大气污染。

5. 影响环境卫生

这些年来，随着我国城市化进程的加快、城市规模的扩大、城市人口的不断增加、以及相当数量的流动人口，使得城市生活垃圾产生量逐年上升。城市的生活垃圾、粪便等由于清运不及时，便会产生堆存现象，严重影响人们居住环境的卫生状况，对人们的健康构成潜在的威胁。

由上述可见，如果对各种垃圾不加以及时、有效的处理，不仅影响人体的身体健康，而且还同人类争夺土地，污染土地、大气、水体，破坏资源、浪费能源，危害极大。

四、物业垃圾的防治

城市垃圾处理已成为城市管理中的重要内容之一，而垃圾处理水平则成为反映一个城市文明程度以及管理者环境意识的标志。

物业垃圾的防治，在于给物业业主、使用人和受益人提供一个适合的工作、学习、生活的物业环境，它总体表现为一种物业面貌，即我们通常所说的卫生小区、清洁物业、文明小区等。在物业垃圾的防治中，我们应该按照自然生态系统规律办事，着重做好以下几个方面的工作：

1. 垃圾减量化

垃圾来源于人类生产和消费的过程。在生产不可能完全无废料化的情况下，垃圾就不可能完全断源。生产过程中的垃圾减量主要是指在生产过程中，加强生产技术的改进和革新，尽量减少废料的产生，最终实现无废料生产——绿色生产。生活垃圾的减量，主要是提倡勤俭节约、能用则用、补旧翻新的生活习惯，减少因互相攀比而频频丢弃的恶习，使垃圾量大大减少，实现垃圾减量化。

2. 清扫经常化

对物业区域内的公共地面进行经常性清扫，是确保物业区域内地面保洁、物业容貌良好的重要手段。物业区域内的卫生清洁程度是人们关注物业环境的重要着眼点。地面保洁的工作很多，包括清除乃至消灭无所不在的尘土、纸屑、果皮、烟头、落叶、口水痰迹等等。

物业保洁重在管理,物业管理公司必须建立专门的物业环境卫生管理机构,专门从事物业的保洁工作。

3. 垃圾资源化

在垃圾产生量增加的同时,垃圾成分也在发生变化,尤其是垃圾中可回收成分的增加,以及垃圾处理技术的不断提高,使得垃圾处理资源化越来越受到人们的重视。资源化技术在研究、开发和实践中,不断改进、提高和完善,它将逐渐成为解决城市生活垃圾问题的一条重要途径。

物业垃圾的资源化过程,主要包括回收、处理和利用三个基本环节。

(1) 垃圾回收　回收是资源化的基础,包括垃圾分类、垃圾收集两方面。

垃圾分类是垃圾资源化的关键,主要是居民的责任。在这方面,主要是提高人们的自觉意识,加强分类指导,加大废物回收和交换的力度。分类有许多方法,其中日本的方法值得借鉴。日本将垃圾分为五类,居民要根据物业管理者的要求和指导做好初步的处理工作。其具体要求如下:

1) 第一类为资源垃圾　要求将饮料、酒、油等的空瓶罐洗净装入专用的资源回收袋,将纸张叠齐十字捆扎,将衣服类包好,被褥类卷叠捆扎好。

2) 第二类为可燃垃圾　要求将菜根、果皮等滤净水分,食用油浸入纸或布中或用固态剂固化,尿布则要除去污染,木块要处理成 $50cm^3$。

3) 第三类为不可燃垃圾　要用透明塑料袋装,便于收集人员检查。对于喷发胶、打火机冲气剂、消毒杀虫剂等空罐,要求先做打孔处理,以免回收中爆炸;刀具等铁器用布包好,使收集人员一目了然。

4) 第四类为有毒垃圾　如日光灯管,要求装入原配箱盒内;干电池和温度计等要装入特配的处理困难物件专用袋,以便收集人员收拣;医疗垃圾则要做专门处理。

5) 第五类为大件垃圾　要与政府垃圾处理部门联系,派人派车运走。仍可使用的物品运往该部门的物资交换处,让居民在该处自由交换。

居民家庭搞好垃圾分类,是提高废物再利用率的一种行之有效的方法。

在居民进行分类的基础上,垃圾的收集也要分类。首先,对于没有分类的垃圾要搞好分检工作。分检做好了,资源的利用率就能提高。据测算,北京每天 17 万 t 垃圾可分检出 1500t 废纸,相当于得到可生产 1200t 纸张的 $6000m^3$ 木材。废纸回收 1 万 t 可抵上 20 万根直径 14cm、高 8m 的圆木,等于是拯救了一大片森林。其次,要按用途的不同进行处理和堆放,为资源再生和其他处理方式做好准备。

(2) 垃圾的处理

1) 堆放法　对于不溶解、不飞扬、不腐烂、不散发气体的块状和颗粒状的废物,如钢渣、废石、废建筑材料等可在指定地点集中堆放。

2) 填埋法　将生活垃圾、污泥、粉尘等填埋于指定垃圾场的土坑、采石场、废矿坑中。

3) 焚化法　利用焚烧,可减少垃圾的体积,从而减少了垃圾填埋量。在焚烧中要防止污染空气。

4) 无害化处理　利用微生物降解某些有机物,将生活垃圾经发酵处理,制成有机肥料。留下的少量剩余物，除综合利用外，施行卫生填埋，建成垃圾无害化系统。

(3) 垃圾的利用

1) 生产建筑材料 利用尾矿渣、煤渣、灰渣、废石等制砖、制水泥、铺路等。

2) 堆肥法 将垃圾、粪便进行微生物生化处理，形成腐殖土壤，作为肥料施于农田。

3) 回收资源和能源 从工业废渣中可以提炼多种金属和化工产品。还可利用有机垃圾、植物秸秆、人畜粪便、污泥制取沼气。

第二节 物业环境卫生管理

物业环境卫生管理，是物业管理公司对受委托物业的日常清洁、打扫、保持物业干净、整洁的行为以及对此类行为的计划、安排和组织工作。

一、物业环境卫生管理的形式

物业管理公司对环境卫生管理的形式主要有两种：一是委托管理形式，即由物业管理公司委托专业性的清洁公司进行专业性的清洁服务；二是物业管理公司设置自己的环境卫生管理部门负责物业辖区的清洁卫生工作。

1. 委托管理

环境卫生工作的重要性逐渐成为现代社会分工的一个独立分支，一些专业性的清洁公司纷纷应运而生。在改革的形势下，一些境外的专业清洁公司看好中国市场，纷纷在沿海城市注册建立分支机构，同时也带动了国内清洁水平的提高和专业清洁公司的诞生。在每年的上海清洁用品展览会上，各种专业清洁公司几乎占据国际展览中心半个楼面。这些清洁公司的业务范围大致为三个方面：一是各类清洁设备的销售；二是生产经营各种清洁剂；三是提供专业性的清洁服务。因此，各个清洁公司之间的竞争也非常激烈。无疑，这种竞争不仅将推动清洁工作水平的提高和专业清洁公司的发展，而且有助于物业管理二级市场的开拓和育成，进一步完善物业管理的市场机制。

环境清洁卫生工作实行委托管理形式的话，物业管理企业必须与专业清洁公司签订委托管理合同。委托清洁管理合同的主要内容应包括以下几点：

(1) 委托业务名称；

(2) 业务实施场所；

(3) 委托业务期限；

(4) 委托业务类别和工作标准；

(5) 委托合同金额；

(6) 支付方法等。

(具体可参考表 3-1)

2. 物业管理公司的环境清洁管理机构

如果物业管理公司的环境卫生清洁业务不委托专业清洁公司而由管理公司自己负责，那么就应设立环境卫生管理部。环境卫生清洁部为物业辖区内清洁工作的责任部门，在总经理的领导下，处理清洁工作的各类事务。清洁管理部可根据不同物业类型、区域分布、面积大小及清洁对象不同而灵活设置班组和配备适当的人员。如在环境卫生管理部下设置用具保管、外墙清洁、室内清洁、室外清洁等班组。

清洁管理业务委托合同　　　　　　　　　　　　　表 3-1

1. 委托业务名称:×××物业区域的清洁管理业务。
2. 业务实施场所:××市××区××路××小区。作业场所为建筑物部分和屋外部分。建筑物部分包括:门厅、走廊、楼道、露台、电梯、共用厕所、会议室、传达室等。屋外部包括:区域内道路(含人行道)、区域绿化带(含附属物)、停车插、自行车棚、垃圾房。
3. 委托业务种别:地面的清扫、除尘、清洗、打蜡,门窗玻璃擦拭,卫生间清洁、除臭,扶手清洁、灯具清洁、备品除尘、壁面清洁、排水口清扫、下水道疏通、垃圾处理。
4. 委托期限:200×年4月1日~200×年3月31日止。
5. 委托合同金额:人民币壹拾贰万肆仟元整。
6. 支付方法:确认委托业务完成按下列分两次支付

支付日期	支付金额
9月末	62000元
3月末	62000元
合计	124000元

上记内容为×××物业管理公司(甲方)与×××清洁公司(乙方)缔结的清洁业务委托合同。本合同一式二份,由双方责任人签字盖印后各自保存一份。

甲方:×××物业管理公司
　　　责任人:_____
乙方:×××清洁公司
　　　责任人:_____
200×年3月31日

二、物业环境卫生管理机构的设置

由于物业管理公司对环境卫生管理工作可以采取两种模式进行,即"委托管理"和"组建自己的环境清洁管理部门",因此,物业环境卫生管理机构的设置也是根据物业管理公司所选择的管理模式分别设置的。

1. 在"委托管理"模式下

在此模式下,物业管理公司只需在某个部门和综合部门之下设立一个卫生标准督察部,定期检查卫生情况和收集住户对物业卫生情况的意见,督促承包公司改进工作,提高质量。

督察部机构简单,职能明确,3~5人即可,其主要负责的工作是:

(1) 根据物业情况及卫生要求准备招标文件、合同文本;
(2) 根据招标程序性质专业环卫公司;
(3) 监督专业环卫公司承包的清洁工作;
(4) 定期会晤专业环卫公司承包商,定期召开磋商会议,与环卫公司承包商一起讨论、解决、存在的问题;
(5) 经常视察、暗访所辖区域的环境卫生状况,与区域内相关公众保持密切联系,听取对环境卫生管理工作的意见。

2. 在"组建自己的环境清洁管理部门"的模式下

在这种模式下,物业管理公司要设立"环境卫生管理部",作为卫生管理的专门机构,由分管该领域工作的物业管理公司副总经理负责。

"环境卫生管理部"根据不同物业类型、区域分布、面积大小及清洁对象不同而灵活设置若干班组。一般而言要设立公共区域清洁班、室内清洁班、室外清洁班，如果受委托的物业中有高层建筑，则要设立一个高空外墙清洁班，如果受委托的物业类型多、面积大，则再增设一个清洁服务班。

"环境卫生管理部"的机构设置，如图3-1所示。

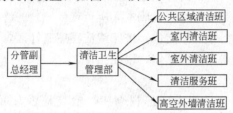

图 3-1 "环境卫生管理部"的机构设置

三、物业清洁卫生管理各级人员的职责划分

1. 部门经理

（1）按照公司经理的指示精神和制定的物业管理规章制度，组织各项清洁服务的具体工作。

（2）组织全体工作人员进行政治学习、业务培训和思想教育，要使全体工作人员树立"热情为住户服务，献身环卫工作"的思想。

（3）每日巡查各个区域（大厦），检查清扫保洁任务完成的情况，发现未清扫之处及时组织人员清洁返工，不允许任何不卫生的状况出现。

（4）负责组织小区（大厦）内的住户家庭进行卫生评比，促进小区（大厦）内精神文明建设。

（5）接洽各种清洁服务业务，为公司创收。

2. 技术管理员

（1）按照经理的要求，拟定清扫管理的实施方案。

（2）对一些专用清洁设备进行使用指导，并定期检查和保养清洁机械。

（3）监督检查分管的清洁区域和项目。

（4）完成经理交办的其他工作。

3. 公共卫生清洁班班长

（1）接受清洁环卫部门经理的领导，向清洁技术管理员负责。

（2）每日上班前留意部门经理、清洁技术管理员的提示及工作的要求。

（3）检查班组员工到岗情况，查看是否全勤工作，对缺勤情况及时采取补救措施，合理安排下属人员工作。

（4）检查所辖范围的清洁卫生状况，如行人道路、走廊、广场通道及有关厅堂、外墙及外墙上的玻璃、大理石地面、不锈钢装修品、电梯及各种灯饰、公共厕所的清洁卫生等。

（5）随时检查员工的工作状况，及时调整各种工具及人力的配置。

（6）编制公共卫生辖区内的人员安排计划、清洁用品供应计划，做到精打细算，减少损耗，控制成本。

（7）关心员工生活，掌握员工的工作情绪，指导员工的工作，增强班组的聚集力。

（8）定期做好维修报告（包括公共区域内的水、电照明、清扫器具等），以便公司做好预算，资金到位。

4. 保洁员

（1）遵守物业管理公司制定的管理细则，统一着装上岗，树立良好形象。

（2）听从班长指挥，保质保量地完成本人所负责区域内的清扫卫生工作。

（3）遵守劳动纪律，坚守工作岗位，按照清洁程序搞好区内卫生。

（4）发扬互助精神，支持同事工作，以礼相待。

5. 仓库保管员

（1）按时到达工作岗位，到岗后巡视仓库，检查是否有可疑迹象，发现情况及时上报。

（2）认真做好仓库的安全、整洁工作，经常打扫仓库，合理堆放货物，及时检查火灾、危险隐患。

（3）负责清洁工具用品的收、发工作。收货时，必须严格按质、按量验收，并正确填写入库单。发货时，一定严格审核领用手续是否齐全，对于手续欠妥者，一律拒发。

（4）领取工具或用品，必须由领班列出清单，经清洁主管审批签字后，方能发货。

（5）物品入库或出库要及时登记收、发账目，结出余额，以便随时查核。做到人账及时，当日单据当日清理。

（6）做好月底盘点手续，及时结出月末库存数据报清洁主管。

（7）严禁私自借用工具及用品。

（8）做好每月物料库存采购计划，提前呈报主管。

（9）严格遵守《员工守则》及各项规章制度，服从工作安排。

6. 清洁员

（1）负责住宅区内楼道梯级、车棚、马路、草地、天面、雨棚、平台、公共场地的清扫、清洁。

（2）负责楼道、扶手、门窗、电子门、电表箱、信报箱、楼道开关、灯具的擦抹。

（3）负责楼道、天面、单车棚内杂物的清理。

（4）负责垃圾池、垃圾箱内垃圾的清运，并按标准进行清洗。

（5）负责将各责任区垃圾拖运到垃圾中转站，并对中转站进行清洁。

（6）负责清洁班员工宿舍的清洁，以及保管好各自所使用的工具。

（7）对住宅区内发生的违章现象进行劝阻和制止。

四、物业环境卫生管理的基本工作

物业环境卫生保洁的主要工作，是指物业管理公司为了创造整洁、卫生、优美、舒适的物业环境所采取的行之有效的管理办法和手段。一般来说，物业环境卫生保洁的主要工作包括以下几方面：

1. 制定管理制度

管理制度是环境卫生工作得以顺利进行的根本保证，环境卫生管理部门要认真制定管理制度。一般来说，包括以下内容：

（1）劳动纪律

1）按时上下班，不迟到，不早退。
2）上班时不得无故离开岗位，有事离岗必须得到领班同意后，才能离岗。
3）不得无故旷工。
4）请病、事假必须得到上级批准。
5）一切行动听指挥。
6）承包岗位卫生必须按标准执行。
7）当班时不准做与工作无关的事（看书报、做私活等），如有特殊情况必须经批准才行。
8）当班时不得大声喧哗、说笑、追打。
9）运送物品及机械上落，用内部货梯，不得乘坐客梯。
10）不能私拿公物。有意损坏或丢失卫生工具者，照价赔偿。
11）上班时必须穿着整洁，佩戴岗位证，不得穿短裤、拖鞋上岗。
12）当班时不准打私人电话。
13）对住户投诉必须马上处理，不得与住户发生争执。
14）做好交接班工作，互帮互助，以礼相待。
15）不得浓妆艳抹，佩戴耳环、首饰，留长发、长指甲。
16）拾金不昧，拾到物品，立即上交主管。

（2）奖罚条例

根据制定的适当标准，给予员工以奖罚：

1）嘉奖、晋升

凡符合下列条件之一者，将给予嘉奖、晋升：
a. 对搞好清洁工程队管理，提高服务质量有重大贡献者；
b. 在服务工作中，创造出优异成绩者。

2）奖励

凡符合下列条件之一者，将酌情给予奖励：
a. 为住户提供最佳环境卫生服务，工作积极热心，受到住户表扬者；
b. 发现事故苗头，及时采取措施，防止重大事故者；
c. 为保护国家财产及公司财产，能见义勇为者；
d. 提出合理化建议并经实施有显著成效者；
e. 严格开支，节约费用有显著成效者；
f. 拾金不昧者。

3）纪律处分

a. 口头警告。轻度违反清洁员工工作制度，但属初犯。
b. 书面警告。违反清洁员工管理制度及有关规定，按情节轻重分别给予"过失通知书"和"警告通知书"两种。
c. 最后警告。"警告通知书"可视为最后警告。凡是发出"警告通知书"3个月内再次严重违章者即可劝退或除名。
d. 即时除名或开除。凡是在最后警告之后再犯严重错误，或该员工在工作中严重违反操作规程给公司造成经济损失或不良社会影响时，就可即时除名或开除而无须事先通知。

4) 轻微过失

有下列情况之一者，视为轻微过失，将受到批评、警告及罚款等处分：

a. 上班时不穿整洁的工作制服或不按规定位置佩戴岗位证或仪容不整；

b. 上班迟到、早退；

c. 当班时间擅离工作岗位、闲逛，收听（看）广播、录音、电视，干私人的事情；

d. 将工作服或工鞋穿、带回家；

e. 随地吐痰，乱丢烟头、纸屑等；

f. 当班时间出工不出力，不按操作程序操作，消极怠工。

5) 严重过失

凡有下列过失之一者视为严重过失，将按情节轻重给予降职、降薪、记过、劝退处理：

a. 经常迟到、早退，上班时间擅离工作岗位，甚至睡觉；

b. 蓄意破坏、损耗公物或业主（使用人）的物品；

c. 对住户（使用人）不礼貌，未经住户（使用人）允许擅自进入住户客房；

d. 偷窃公司或住户（使用人）之财物；

e. 打架或恶意诬蔑他人；

f. 未经批准，私自配制公司公用房间钥匙；

g. 不服从上级领导的指令；

h. 违反操作规程，造成事故。

6) 违法乱纪

凡有下列过失之一，视为违法乱纪行为，作及时除名或开除处理：

a. 有盗窃行为或贪污行为；

b. 侮辱、谩骂住户（使用人），与住户（使用人）吵架；

c. 行骗聚赌；

d. 接受贿赂；

e. 连续旷工2天以上或1个月内累计旷工超过2天者；

f. 擅离职守，违反规程，造成严重损失或事故；

g. 泄露公司机密；

h. 触犯国家刑律；

i. 未经批准私自外出兼职或利用病休另谋职业；

j. 使用毒品、麻醉剂或参加贩毒；

k. 参加反动组织或黑社会组织。

(3) 清洁员纪律

1) 遵纪守法，遵守公司的各项规章制度。

2) 履行职责，按时上下班，不迟到、早退，不旷工离岗，不做与本职工作无关的事。

3) 遵守《员工请假制度》和《员工宿舍管理规定》，以及《员工食堂管理规定》。

4) 上班穿工作服，戴工作牌，仪表整洁，精神饱满。

5）执行《公司文明礼貌用语规范》，文明服务，礼貌待人。
6）不做有损公司形象的事，不收取业主或住户的钱物。
7）服从领导，团结同事，互相帮助。
8）爱护公物，损坏、遗失工具照价赔偿。

2. 制定定量定期考核标准

清洁管理要有明细的操作要求和考核标准。操作细则可分为每日管理、每周管理和每月管理要求，以供管理中进行定量、定期考核检查。

(1) 每日清洁操作细则要求 （见表3-2）

每日清洁操作细则要求 表3-2

物业对象	清洁区域、部位（内容）	清洁方式	清洁次数	项数
小区（含高层建筑）	指定区域内道路(含人行道)	清扫	2	1
	指定区域内绿化带(含附属物)	清扫	1	2
	住宅各层楼梯(含扶手)、过道	清扫抹擦	1	3
	住户生活垃圾、垃圾箱内垃圾	收集、清除集送	2	4
	电梯门、地板及周身	清扫、抹擦	2	5
	楼梯扶手、电梯扶手、两侧护板、踏脚	抹擦、清扫	2	6
	男、女厕所	拖抹、冲洗、抹擦	2	7
	会议室商洽等	拖抹、抹擦	2～4	8

(2) 每周清洁操作细则要求 （见表3-3）

每周清洁操作细则要求 表3-3

物业对象	清洁区域、部位（内容）	清洁方式	清洁次数	项数
小区（含高层建筑）	天台、天井	清扫	1	1
	各层公共走廊	拖洗	1	2
	用户信箱	抹擦	1	3
	电梯表面保护膜	涂上	1	4
	手扶电梯打蜡	涂上	1	5
	公用部位窗户、空调风口百叶(高层)	抹擦、打扫	1	6
	地台表面	拖擦	2	7
	储物室、公用房间	清扫	1	8

(3) 每月清洁操作细则要求 （见表3-4）

每月清洁操作细则要求 表3-4

物业对象	清洁区域、部位（内容）	清洁方式	清洁次数	项数
小区（含高层建筑）	公用部位天花板、四周墙板	清扫	1	1
	公用部位窗户(小区)	抹擦	1	2
	公用电灯灯罩、灯饰	抹擦	1	3
	地台表面打蜡	涂上	1	4
	卫生间抽气扇	抹擦	21	5
	地毯	清洗	0.5	6

3. 搞好卫生设施建设管理

物业管理公司环境卫生部要搞好环境卫生管理工作，必须备有相应的卫生保洁设施，主要包括下述设施：

(1) 环卫车辆

环卫车辆主要包括清扫车、洒水车、垃圾运输车、粪便清运车等。

(2) 卫生保洁机械

包括升降工作平台、长梯、吸尘磨光机、喷射式地毯抽洗机、干泡地毯机、洗地机、吸水机、吸尘机（器）、伸缩杆（三节）、榨水器连车架、扶手电梯清理机等。

(3) 卫生保洁工具及用品

主要包括玻璃涂水器、玻璃水刮、玻璃铲刀、快洁布刷、清洁毛布、小喷壶、清洁地拖、清洁扫把、电源线及插板、工作指示牌、清厕刷、清洁工作车、清洁水桶、手动喷枪；黑色起蜡垫、喷蜡垫、抛光垫、地毯纤维垫、高速抛光垫；垃圾收集车、垃圾袋、厕纸等。

(4) 卫生保洁材料

主要包括高级去污粉、地毯清洁剂、万能起渍剂、全能玻璃清洁剂、洁厕剂、空气清新剂、不锈钢清洁剂、不锈钢保护油、灯饰清洁剂、地台面蜡、推尘剂、卫生球、磨光蜡、洁具消毒水、杀菌消毒剂、除臭消毒剂、地毯化泡剂、酸性洗剂等。

(5) 便民设施

便民设施是方便居民和大众、维护环境卫生和保洁成果的卫生设施，如果皮箱、垃圾桶、垃圾清运站等。

物业管理企业应多方筹集资金，添置新型卫生设施，同时还应该做好这些卫生设施的保养和维修工作。

4. 做好环境卫生宣传工作，提高居民环保意识

环境卫生保洁工作，一要经常，二要保持。因此，环境卫生管理部在做好卫生保洁工作的同时，要做好环境保护的宣传教育工作，提高人们的环境保护意识，纠正不良卫生习惯，使居民和用户自觉地参与物业环境管理工作，在双方共同的努力下，创造出优美洁净的物业环境。

从一个较高的层次来看，做好环境卫生宣传教育工作，有助于人们形成科学的、理性的价值观念、伦理观念、审美观念、自然观念、社会观念和自我意识，指导人们对自然界、社会的适应改造，从而获得自身所需的生活资料和各种服务与享受，满足物质、精神、交往、发展等方面的需要。

第三节 物业环境卫生管理的日常操作

一、物业小区的日常卫生保洁工作

物业环境好坏的一个突出标志是环境卫生状况，从小区物业环境管理的角度来看，管好已建成的硬环境，发展与完善软环境，主要应做好以下几个方面的管理工作。

要保持好的环境卫生状况，保洁工作是首当其冲的任务。环境保洁包括建筑物本身的内外保洁。如内部的公共部位、门窗玻璃、墙面、地面、楼梯、走廊的清扫、擦洗、粉刷等。外部的保洁主要指建筑外缘的清洁，如杜绝随意张贴、随意搭建、外檐定期油漆粉刷，保持整洁的外檐效果，建筑物周围的道路及小区主干道的清扫和公共场地、庭院、绿地的保洁清扫，垃圾的清运、杂物的清除等等。保洁工作看似简单，但没有一套严格的制度、有效的管理措施和一支训练有素的队伍，保洁工作既不能做好也不能持久。凡是保洁工作好的小区首先是有一套严格的管理制度。以北京恩济里小区为例，该小区从1995年被评为全国优秀管理小区起，不管什么时候来参观，人们看到的始终是干净整洁的道路、庭院和绿地，楼道里也是干干净净，给人一种不是花园胜似花园的感觉。为什么会有如此的效果？关键在于该小区有一套严格的管理制度，如道路、庭院分工负责，每日清扫两遍；垃圾日产日清，实行垃圾袋装，每日三次收集清运；楼道每天清扫，定期擦洗；建筑物外檐不准随意张贴广告、标语，公共部位不准乱堆物料等。有了这些制度和规定，还要有一支比较能吃苦、有较强责任心的卫生保洁人员队伍，这些人员无论刮风下雨还是严寒酷暑，每天准时出现在工作岗位上，365天不间断，按照分工区域忠实地履行自己的职责，他们是小区清洁的辛勤园丁。为了调动这些园丁的积极性，管理人员恪尽职守，每天在小区的各个部位各个角落认真检查巡视，严格检查考核，发现问题及时找到保洁责任人及时纠正。保洁工作的好坏有标准、有检查、有奖惩和考核等一整套严密的管理措施，从而保证了小区保洁工作几年如一日，随时看到的是一个干干净净的居住环境。国内还有许多保洁工作做得好的小区，还出现了清洁卫生的文明城市。清洁的卫生环境不仅给人们带来美的享受，有利于人们的身心健康，而且能够促使人们养成文明的卫生习惯，增强环境保护意识，提高整个城市的文明程度。

1. 清扫与保洁

物业区域面积一般较大，要清扫与保洁的项目和内容较多。除了建筑物及其内部各项目和内容的保洁外，还要特别注意道路的清扫与保洁。道路的清扫，目的在于除污去尘。有条件的物业管理公司，可采用洒水和水洗路面的保洁方式。这种方式在夏季不仅可以降低气温、提高大气湿度，还可以减少空气的含尘量。但这种方式也存在着严重的弊端：一是耗水量大，二是容易造成浊水横流。对于每天清扫的项目和内容，必须达到1次以上，确保全日清洁。

2. 生活废弃物的清除

生活废弃物应做到及时收集，迅速送到适当地点（垃圾转运站、垃圾堆放场），进行无害化处理。

根据现行城市环境卫生的有关规定，以煤气（包括液化石油气）为燃料的地区，必须实行垃圾袋装化。在物业管理实践中，这一规定的实施范围逐渐扩大。如有的物业管理公司规定，装修垃圾（建筑垃圾）必须袋装（蛇皮袋），并运放到规定地点。这一做法是学习国外先进管理经验的产物。据悉，法国等西方国家20世纪60年代起就提倡生活垃圾分类化、资源化、减量化处理，大大改善了人们生产、生活环境的质量。

实行生活垃圾的袋装化，至少可以带来以下几方面的好处：
（1）有利于改变乱倒乱扔垃圾的陋习，培养良好的卫生习惯；
（2）有利于消除垃圾裸露现象，减少空气污染，净化美化环境；
（3）有利于降低蚊蝇虫的数量和密度，减少滋生地；
（4）有利于避免垃圾运输中的散落；
（5）有利于减少拾荒及辖区（楼）的治安保卫；
（6）有利于垃圾集中分类和处理；
（7）有利于区域内人们的防病。

物业管理公司应向物业业主和使用人大力宣传生活垃圾袋装化的优越性，要求居民将日常生活垃圾装入相应的塑料袋内，放入指定的容器或者指定的收集点，不随意乱扔、乱倒。存放各种生活垃圾的塑料袋应完整无损，袋口应扎紧，不造成撒漏。

3."黑色污染"的防治

(1)"黑色污染"的危害 "黑色污染"，是对某些人在建筑物、构筑物、树木及其他设施上乱张贴、乱涂写、乱刻画（简称"三乱"），造成环境污染的通称。例如，小区（楼）崭新的墙面常会被某些人用墨汁或油漆乱涂乱写乱画，做非法小广告。"黑色污染"体现出某些人缺乏文明素质和公共道德，危害性很大。首先，造成了人们的视觉污染和心理厌恶；其次，破坏了小区（楼）原有的容貌；再次，降低了小区（楼）的文明等级。因此，对于"黑色污染"必须加强管理，及时防治。

(2)"黑色污染"的防治 物业管理公司应按照专业化的物业管理要求，对物业区域（楼）内的"黑色污染"进行防治。

1）采取封闭式管理方式，加强门卫防守，严禁外来人员进入区内搞"三乱"活动。

2）选择适当地点，设置公共招贴栏，并加强管理。

3）通过各种渠道，对区内有关单位和个人进行宣传教育，要求自觉维护建筑物、构筑物、树木及其他设施的整洁；对于损害其整洁的行为，及时制止和检举。

4）除经市、区（县）市容管理部门批准的特殊情况外，禁止任何人和单位在建筑物、构筑物、树木及其他设施上张贴、涂写和刻画。

5）物业管理公司有权要求"三乱"的行为人及时清除污迹，并赔偿损失；一时难以发现行为人的，应当先代为清除。在发现行为人后，按照规定标准，要求行为人支付代为清除的费用。

物业管理公司可以视"黑色污染"情节轻重，报请市、区（县）市容管理部门或者街道监察队按规定对行为人进行行政处罚或经济处罚。

二、大厦的日常清洁工作

1.卫生管理条例

为创造大厦整洁、优雅、舒适和文明的工作生活环境，特制定以下管理规定：

(1)楼外卫生区域要求

1）各单位和用户应按指定区域范围，实行三包。

a.包卫生：门前做到"五无"（无烟头、无垃圾、无污水、无污垢、无痰迹），垃圾必须实行袋装化，并实行定时、定点送放清运，保持门外卫生，蚊、蝇、鼠、蟑螂密度应低于城市管理办公室规定的标准。

b.包绿化：做好绿化保护工作。要保持绿化带内清洁，及时清理落叶、残枝和垃圾等。

c.包秩序：维护门前市容卫生和社会秩序，做到"七不"（不乱堆放物品、不违章占用人行道、不乱搭建、不乱停放车辆、不乱张贴标语、不在门前乱挂物品、不超过阳台堆放杂物），发现违章、违法行为及时制止或报告。

2）各用户单位指定人员负责卫生管理工作，制订卫生清洁制度，配置足够的卫生设施，搞好环境卫生。

3）落实责任、加强监督，用户单位对辖区卫生要加强日常监督和定期检查评比，表扬先进，惩治后进。大厦管理处应督促脏乱差单位及时整改，清除卫生死角。

4）存放的垃圾桶和果皮箱要定时定点送放，对硬地面进行冲、洗、刷，做到垃圾点、台、箱、桶清洁卫生，无孳虫、苍蝇和积水，无卫生死角。

5）禁止在大厦内外任何地方乱涂画，乱张贴。

6）大厦区域内的任何车辆应停放在指定地点，不允许停放在人行道或绿化带上。

7）对楼外区域定期进行卫生大扫除。

（2）楼内卫生区域要求

1）搞好室内卫生，物品堆放整齐，室内外无蜘蛛网、无蚊蝇、无灰尘、无杂物垃圾。

2）提倡文明办公，不随地吐痰，不向窗外倒杂物和水，室内垃圾放置时间不超过24小时，垃圾实行袋装、筒装，放在指定地点。

3）做好各种设施外表的清洁，如广告牌、招牌、信箱、消火栓箱、电梯、扶梯、玻璃等，要求无积尘，无污迹，字体完好无缺。

4）禁止在楼梯、消防通道及一切公共场所搭床睡觉或放置、吊挂杂物，阳台不得乱放杂物和乱挂衣物。

5）定期进行杀虫灭鼠工作，使蚊虫密度降到最低限度。

2. 卫生清洁达标要求

（1）楼内卫生

1）各楼层公共区卫生

a. 地面：无废杂物、纸屑，无污迹，地毯平整、干净；

b. 墙面：踢脚线、消防排烟口、警铃、安全指示灯、各种标牌表面干净、无灰尘、水迹、污迹、斑点；

c. 电梯厅：墙面、地面、门框、电梯指示牌表面干净，无油迹、灰尘、杂物；

d. 垃圾桶：外表干净，无积垢、臭味；

e. 玻璃窗（玻璃、窗框、窗帘、窗台）：明净、光洁、无积尘、污迹、斑点；

f. 各种设施外表（如大堂前台、广告牌、灯箱、消防栓箱、楼层分布牌等）：表面干净，无积尘、污迹、斑点。

2）厕所

a. 大小便池：内外光洁，无污垢、积尘；在适当地方放卫生球，喷空气清新剂；

b. 洗手盆、镜台、镜面：内外光洁，无污垢、斑点、积水、积尘；

c. 地面、墙面：光洁、无污迹，无杂物、脏物，无积水、积尘，无蜘蛛网；

d. 厕所篓、垃圾桶：无陈积物，无臭味，外表干净。

3）楼梯（所管区域内的楼梯、防火梯、电扶梯、栏杆）：无灰尘，无杂物。

a. 扶手、栏杆：光洁、无积尘，玻璃无污迹；

b. 楼梯走道、墙上各种设施（如应急灯、水管、出入指示牌、凸物等）：无积尘、污迹、脏杂物。

4）门（各卫生区域内的门）：干净，无灰尘、污迹。

5）电梯内卫生（墙、地面、门、天花）：外表干净，无污迹、积尘，无脏杂物。

（2）楼外卫生区域要求

1）所辖区域地面和道路：路面整齐、干净，无垃圾、沙土、纸屑、油迹等，无脏物、无积水、青苔。

2）绿化带、花草盆：无垃圾、无杂物，花草叶无枯萎和明显积尘，花草盆无积水和异味，花草修剪整齐，摆放美观。

3. 日常清洁方法

（1）地台清洁

使用有硬毛、尼龙或钢绵底热的洗擦机，配合适当的去污剂将所有污渍包括深藏地台内的沙泥及尘埃清除，然后用吸水机吸净，再用湿地拖拖地台表面，干毛巾抹干即可。

（2）墙角线清洁

使用绵质湿软布加去污剂去除表面积尘，如遇顽固污渍，除使用已认可的清洁剂擦洗外，还可用刮刀或天那水配合，再用干抹布抹干表面即可。

（3）竖面除尘

使用除尘刷、毛刷或真空吸尘器管清除附在墙表面的污渍、蜘蛛网及污尘等，同时使用湿布将照明灯片抹净。

（4）金属表面清洁

使用快洁布或软质绵布浸放适当分量的专用清洁剂将金属表面彻底清洁，直至有附着物生锈的地方恢复光亮，不可用硬物抹擦，以保持其统一色泽（金属保护膜只可在核准情况下方可使用）。

（5）地台打蜡

先用起蜡剂加适量清水用地拖均涂在地台表面，浸泡数分钟后用洗地单刷机来回擦洗，直至原蜡彻底去除，然后用吸水机吸干，再用干净地拖加清水拖洗地台表面两遍。如有顽固污渍，必须用专用清洁剂或专用工具彻底清除干净，用烘干机将地台吹干，再用干净绵布抹一遍，即可进入打蜡程序。

1）先用地蜡从纵向上第一遍底蜡，待干后横向上第二遍底蜡，每层蜡不宜太厚，且要均匀涂抹；

2）按上底蜡程序再上二层面蜡；

3）待地台面蜡干后，使用打蜡磨光机对地台表面进行抛光处理，直至光洁明亮（在抛光时可用喷壶对地台表面喷射少许喷洁蜡再抛光）。

（6）洗擦秽渍

通常只适用于清洗卫生洁具，使用擦毛刷刷洗卫生间内的设备。切勿使用磨擦性粗糙沙粉或腐蚀性的洁液。

（7）大理石、云石墙打蜡

（8）不锈钢面清洁

使用已核准的不锈钢面清洁剂或肥皂，加以适量清水将表面尘埃及污渍清除，再以干布抹干，涂上一层不锈钢保护油，使其表面保持光泽。渍聚物可用尼龙垫除去。切勿使用磨损物料或腐蚀性溶剂，如起渍水、天那水、砂粉、钢绵、砂纸等。先扫除表面尘埃，使用已核准的去渍剂洗刷，再以清水冲净，去除多余水分后，再用干布抹干，最后在其表面加上一层中性水蜡。

（9）卫生间清洁

1）所有表面必须喷上清洁消毒剂；

2）用棉质干布搓擦表面及抹干；

3）用橡胶手套加洁厕灵洗净厕具；

4）镜面用玻璃水洗擦并抹干；

5）洗手盆用去污粉洗净；

6）地面用洁厕灵洗拖，用干地拖拖干；

7）渍聚在门窗及其间隔的污点用洗涤净或去污粉清洗抹干；

8）定时喷射空气清新剂；

9）如遇上顽固污渍，只可使用认可的除污剂，以确保其表面不被侵蚀；

10）严禁使用任何有磨损性的工具洗刷。

（10）玻璃幕墙清洁

1）使用清洁软布，配以极低浓度的酸液及中性清洁剂涂抹表面，随后再以清水彻底清洗，稍后用玻璃水刮刮净水迹；

2）幕墙表面先以清水彻底冲净，对墙面污渍及附着物，必须采用指定的工具及清洁剂；

3）铝合金窗框用洗涤净或去污粉清洗抹干。

（11）窗户清洁

1）使用抹布添加洗涤净或去污粉抹净所有窗框；

2）使用中性清洁剂抹净玻璃内外表面，再以清水彻底清洗，稍后用玻璃水刮刮净水迹；

3）禁止使用磨损性的工具及腐蚀性溶剂。

（12）地毯清洗

1）使用专用设备清洗（单刷直立式或喷吸式洗地机）；

2）使用高泡干洗地毯清洁剂或低泡湿洗地毯清洁剂；

3）清洗前，务必将地毯上的尘埃用吸尘器吸净；

4）如发现地毯上有茶迹、墨水迹或其他污迹，务必使用已认准的清洁剂先将其去除；

5）洗地毯过程中，个别较脏或有固渍的地方，务必重复清洗几遍，直至干净为止；

6）新装地毯做干洗处理，较脏地毯做湿洗处理。

4. 杀虫灭鼠

对于多功能和综合性的商业大厦来说，搞好日常清洁卫生是净化大厦区域环境的一项重要工作，它能给人们以整洁和舒适的感觉，对改善工作环境和生活环境起了良好的作用。但大厦并不处在真空地带，大厦许多配套设施和配套服务场所是引发和滋生蚊蝇虫鼠的发源地和聚集地（如卫生间、窨井、污水井、化粪池、垃圾处理站、绿化地、食品库、餐厅厨房、食堂等），如不采取消杀治理措施，将危及大厦安全和影响人们的身体健康，严重的会造成生命危险，因此管理部门应作为一项重要的日常工作常抓不懈。

对大厦区域内进行经常性的杀虫灭鼠工作主要是做好以下几个方面的内容：

（1）主要消杀对象是老鼠、白蚁、苍蝇、蟑螂、蚊子。

（2）花钱买安全，由管理公司出费用聘请专业队伍进行消杀工作。

（3）专业消杀公司应出示营业执照和施工许可证，保证所用药物对人体不构成大的危害。

(4) 双方签订合同，明确责任、义务、消杀范围、要求和标准。

(5) 在大厦区域内每月定期进行二次放灭虫药、三次放老鼠药的工作，如发现或出现问题，消杀公司应保证随叫随到随杀，否则将根据责任大小、损害程度扣减所要支付的消杀费用。

(6) 实行重点防治，大厦配电房、仓库、消防控制中心、总机房、食堂等部位（含餐厅厨房）主要防范老鼠，其他设施和场所应以杀虫为主。

(7) 杀虫灭鼠工作一般安排在班后进行，以免影响客户正常工作和发生食物中毒现象。

(8) 杀虫灭鼠实行施工记录卡管理，在消杀过程中要取得客户的支持与配合，做好签字验收工作，若个别客户因某种原因不要求杀虫的，客户应在施工记录卡上签字，以分清双方责任，避免事后出现问题或造成损失纠缠不清。

(9) 对由市、区、街道爱卫会布置的大规模除四害活动，或专项检查工作予以配合，在平时规定的消杀基础上，要加大喷药范围，使蚊虫密度降到最低限度。

三、物业卫生管理常见的清洁剂简介

在日常物业环境卫生管理中，有一个很重要的环节，那就是对各类物业的清洁工作，包括日常环境卫生清洁；高层楼房外墙、玻璃幕墙清洗、保养；室内地毯、沙发的清洗消毒保养；空调及大型中央空调、油烟机、吊灯、锅炉除垢清洗、保养；各种高级大理石、瓷砖墙、地面清洁；卫生间墙面、下水道、厕所马桶的清洁等。要保证物业的洁净，使清洁工作达到高效、优质，除了合理组织安排，并且严格按制度进行清洁工作外，还离不开与各类物业设施相适应的清洁剂。

1. 物业卫生清洁剂选用的一般要求

在物业环境卫生清洁工作中，比较常用的清洁剂有：玻璃清洗剂、地毯清洁消毒剂、木地板清洗剂、瓷砖、浴盆清洁消毒剂、卫生间除臭剂、强力油污清洗剂、空调清洁剂、锅炉垢清洗剂、硬质地面清洁剂、壁纸清洁剂、抽油烟机清洁剂、下水道疏通剂、高光面蜡、地板蜡等若干种专用清洁剂等。这些清洁剂从品种来看更加趋向多样化、专用化，但大多数均为人工合成的化合物，有的呈酸性、有的呈碱性、有的需避光保存、有的应避免加热和暴晒，混合时可能发生的化学反应就更多了。在化学清洁剂使用中，特别是使用了含有氯的洗涤剂对人和物业都有腐蚀性，对物业环境也会产生污染，因此如何选择安全、高效适合具体物业的清洁剂，是有效使用清洁剂的前提。

目前，随着清洁剂的大量使用，它对环境以及对人身体的影响不容小视。在我国，与20世纪60年代相比，儿童癌症的发病率呈明显上升趋势，其中，白血病占儿童肿瘤的60%，而在各大医院皮肤科的患者里也越来越多地出现湿疹类病人。有专家认为，这些情况的出现与各种化工合成的洗涤、清洁用品的大量使用而造成的化学污染不无关系。比如磷，它使水体营养化，水草滋生，并可造成鱼虾死亡、赤潮等，各国从20世纪60年代开始就给予了极大的关注。禁磷、限磷已成为一个大的趋势。

物业管理公司在日常清洁剂的选用时，既要追求清洁高效，更要考虑对物业环境的影响。要选用不含有害物质、使用安全、不损伤人体和物业设施、性能优越符合环保要求的清洁剂。

在具体选购各种清洁剂前，应进行充分的市场调查，全面了解各类清洁剂的性能、用

途和安全环保性。对各种产品做认真细致的比较。在采购时,首先要看标签标识。正规企业生产的产品包装整齐、标识明确,商标图案印刷清晰,不会出现脱墨现象。标签(或瓶身)有生产许可证号、卫生许可证号和生产日期。另外,产品应该标明使用说明、执行标准、净含量、厂址、保质期等。

2. 物业卫生管理常见的清洁剂简介(表3-5)

清洁剂简介   表3-5

品种名称	功能	用途
空调清洗杀菌剂	产品能迅速向空调的蒸发器和送风系统渗透分散,快速完全溶解污垢、深层清洗,彻底清除细菌、病毒,防止"空调病"。并在蒸发器及送风系统自动生成清洗杀菌膜,可持续杀菌。对人体无毒,不伤皮肤。不腐蚀空调,不伤蒸发器。使用方便、不用水洗,保护墙面免受破坏。洗去的污垢、病毒随空气冷凝水从排水管自动排出(可观察到)	适用于各类空调的深层清洗,彻底清除细菌、病毒,防止"空调病"
外墙清洁剂	产品内含螯合剂,性能优越,反应迅速彻底,清洗过后表面光亮鲜艳,反应生成物不反色,不结晶沉淀,环保型产品,不会对人体及建材造成损伤	适合外墙及缺水物质场所清洗
重油污清洗剂	产品内含多种高效除油添加剂及强力渗透剂,除油迅速、彻底。不损伤人体、衣物及设备,不燃烧,视油污轻重可稀释数倍至数十倍使用	适用于清洗沾有各种动、植物油、矿物油及其他不洁物的场合
强力重锈清除剂	产品含有高渗透剂和高级缓蚀剂,除锈更迅速、彻底,对钢铁材料腐蚀极弱。无毒无害,使用安全	适用于清除金属锈迹、焊接斑点,清洗厕所、浴室、游泳池内的水锈等污物。在一定条件下可清除石材表面的锈痕及黄斑
玻璃清洁光亮剂	产品为浓缩配方,去污力特强,不损伤玻璃,除污迅速,用后不留痕迹,能使玻璃镜面恢复晶莹通透,产生亮晶晶的光彩,更令玻璃表面光亮如新	适用于所有玻璃、窗、镜等用具的清洗
地毯去渍剂	产品可使地毯清洁过程中的顽固污渍得以解决,迅速有效去除水溶性及油溶性的污渍,如咖啡、可乐、汽水、唇膏等污渍	适用于清洁各种长地毯
无泡地毯清洁剂	产品高浓度配方,泡沫特少,去渍力强,洗后能令地毯光洁柔软、鲜艳如新,清新柠檬香味	适用于清洁各种长短毛地毯,如配合蒸气式地毯抽洗机使用,效果更显著
有泡地毯清洁剂	产品高浓度配方,泡沫丰富,去渍力强,洗后能令地毯光洁柔软、鲜艳如新,清新香味	适用于清洁各种长短毛地毯,如配合多功能洗地毯机使用,效果更显著
浴室清洁剂	产品为酸性药剂,反应迅速,能吸附被清洗物的表面,特强清洁及杀菌力	适用于浴室、洁具,对瓷砖、陶瓷锦砖、塑料无腐蚀,用后过水容易,清晰自然
洁厕净	产品专为厕所清洁设计,能快速分解便迹、水垢,并且杀菌除臭,不损陶瓷表面	洁厕专用
石材专用清洁剂	产品可清洁光亮一次完成,中性成分无腐蚀性,不伤材质	适用于大理石、花岗石、磁砖、地板
碱性锅炉除垢剂	产品主要是用碱类及碱性物质复配而成。在锅炉内与硫酸盐和硅酸盐水碱性锅炉除垢剂发生化学反应,生成碳酸盐类。转型后的碳酸盐水垢仍不溶于水,但在转型中会从板上脱落下来或变的酥松疏散易用手工或机械清除下来,从而达到除垢的目的	适用于工作压力$\leq 13kg/cm^2$,蒸发量低于4t/h的无省煤器和过热器的锅炉

续表

品种名称	功 能	用 途
硬光腊	产品全新配方、超高浓度、硬度、超高亮度、低阿摩尼亚味道	适用于石材、磨石子、塑料、榉木地板的保养
除香口剂	产品能快速去除各种表面上的香口胶、油漆、口红、咖啡渍、蜡。如果在织物上,再用地毯除渍剂清除残留的溶剂,过水后恢复干净	适用于各类地面
静电吸尘剂	产品为油剂或水混合配方,加在拖把上能牵引尘埃、污垢依附其上,并有除臭功能,用后使地板更加清洁光亮,省时省力	适用于各种瓷砖、木地板、混凝土、水磨石、大理石等
橱洁宝	产品能高效去除油脂、蛋白质等污渍,不损皮肤及金属等器皿	适用于各种表面的清洗,尤其厨房物体的清洁(如洗碗、洗抽油烟机等)
铝器清洁剂	产品能有效清洁和光亮铝合金、不锈钢、铁等表面各种污垢,尤其消除金属表面的锈斑,独有的防锈成分使金属光亮持久	适用于各种铝、铝合金、不锈钢、铁等制品表面的清洗
不锈钢光亮剂	产品能有效护理不锈钢表面,用后形成一层保护膜,可防止水印和其他污渍,同时能保护金属不受氧化侵蚀	适用于各种不锈钢材料,如电梯、窗户、门框等
全能消毒水	产品的有效成分能渗透进细菌细胞内,破坏其结构,不含漂白剂及氧化成分	适用于所有物件消毒清洁,且保存期长,是一种高级安全的消毒用品

第四节 物业污水排放系统管理

一、污水排放系统分类与组成

1. 根据建筑物内部装设的排水管道分类

(1) 生活污水管道。用于排除人们日常生活中的洗涤生活废水和粪便污水。

(2) 工业废水管道。用于排除工矿企业生产过程中所排出的污(废)水。由于工业生产门类繁多,故所排除的污(废)水性质也极复杂。但按其沾污的程度可分为生产废水和生产污水两类。前者仅受轻度污染,后者所含化学成分复杂。

(3) 雨水管道。用于排除屋面的雨雪水。

2. 污水排放系统的组成

一般情况下,室内排水系统由下列部分组成:

(1) 卫生器具。

(2) 排水管道系统。

(3) 通气管系统。一般层数不高、卫生器具不多的楼宇,仅设置排水主管、口部伸出屋顶的通气管,对层数较多的楼宇或卫生器设备数量多的排水管系统,应设辅助通气管及专用通气管。

通气管有两个作用:

1) 使室内外排水管道中散发的有害气体能排到大气中去;

2) 补给排水管系统的空气使水流畅通,减少排水主管内气压变化幅度,防止卫生器具水封破坏;

3) 因为经常有新鲜空气流通于管道内,可减轻管道内废气腐蚀管道的危害。

通气管应高出屋面 0.30m 以上,并大于最大积雪厚度,以防止积雪盖住通气口。对平顶屋面,若经常有人逗留活动,则通气管应高出屋面 2m,并应根据防雷要求设置防雷设备。通气管出口设在楼宇的屋檐檐口、阳台、雨篷等的下面,以免影响周围的空气。

专用的通气管系统由若干通气管道所组成,它虽然与排水管系统相连通,但自成一个系统,并且在功能上控制排水管内压力变化不超过规定的范围。

(4) 清通设备。清通设备一般有检查口、清扫口、检查井以及带有清通门的90°弯头或三通接头等设备,作为清通排水管道之用。

(5) 抽升设备。住宅中的地下室、人防建筑物、高层楼宇的地下技术层、某些工业企业车间地下或半地下室、地下铁道等地下建筑物内的污(废)水不能自流排出室外时,必须设置污水抽升设备。

(6) 室外排水管道。其任务是将室内的污(废)水排送到市政或工厂的排水管道中去。

(7) 化粪池。化粪池的主要作用是使粪便沉淀并发酵腐化,污水在上部停留一定时间后排走,沉淀在池底的粪便污池经消化后定期清除。尽管化粪池处理污水的程度很不完善,所排出的污水恶臭,但在目前我国多数城镇还没有污水处理厂的情况下,化粪池的使用还是比较广泛的。

化粪池可采用砖、石或钢筋混凝土等材料砌筑,其中最常见的是砖砌化粪池。

二、污水排放系统的维护和管理

(1) 管理的范围:从室内各个卫生具的排水管至室外污水井前的排出管道止,包括定期冲洗与流通管网,预防管道阻塞及冻结,清除漏水现象,修理排水管网及其设备中的损坏部分。

(2) 管道堵塞的处理

管道堵塞常常是由于人们使用卫生用具不当而引起,如在大便内倒入硬纸片、破布、残茶等物质,堵塞存水弯或管道转弯处,或因污水流速过小,杂质沉淀而堵塞。清除堵塞的方法,常用长柄橡皮碗放置在卫生用具排水管口上以往复抽吸来清除阻塞物;当存水弯严重堵塞时,可使用管道疏通器进行消除,将污物清除后,再用水冲洗干净。

在严寒地区,外露在室外的管道须保温,并防止存水弯内冻结。

三、污水排放系统的维修

1. 排水系统的维修

(1) 室内排水管道的维修

室内排水管道的常见故障和修理

1) 管道渗漏。多发生在横管或存水弯处,有砂眼、裂缝等。因砂眼渗漏可采用打铅楔、木楔的办法堵漏;对于较小的裂缝,可采用哈夫夹的办法堵漏;对于承插接口渗漏,可用水泥重新打封口;对于塑料管接处渗漏,可用胶封,对管身开裂不大的,可采用热塑料焊接补漏。

2) 管道堵塞。管道堵塞造成流水不畅,排泄不通,严重的会在地漏、水池、马桶等处漫溢外淌。造成堵塞的原因,多为使用不当造成硬杂物进入管道,停滞在排水管中部、拐弯处、排水管末端,也有在施工过程中,砖块、木块、砂浆等进入管中。修理时,可根据具体情况判断堵塞物的位置,在靠近的检查口、清扫口、屋顶通气管等处,采用人工和机械疏通。如无效时,则采用尖錾剔洞疏通,或采用"开天窗"的办法,进行大开挖,排除堵塞。

(2) 室外排水管道的维修

1) 管道坡度搞反形成倒返水。此类故障常见于新建的房屋中，原因多是未按图纸要求放坡，或沟底未做垫层，加上接口封闭不严，管道渗漏而造成不均匀下沉，造成排水不畅，严重的则会引水倒流，在检查处污水外溢。维修方法是按原设计图纸和规范要求返工重做。

2) 管道堵塞。维修时，首先应将检查井中的沉积物用钩勺淘清，随后用毛竹片进行疏通，再用中间扎有刺铁丝球的麻绳来回拉刷，同时放水冲淤。如还疏通不了时，则要在堵塞位置上进行破土开挖，采用局部起管疏通，重新接管的办法进行疏通。

(3) 卫生设备的修理

卫生设备包括大便器、小便器、洗脸盆、拖布池和家具盆、淋浴器和澡盆等。下面分别介绍各种设备的常见故障及修理方法：

1) 大便器水箱主要有高、低水箱两种，常见故障及修理方法，见表 3-6。

大便器高低水箱的常见故障及修理方法 表 3-6

常见故障	产生原因	修理方法
不下水	天平架挑杆丝短 漂球定得过低	接好 调到合适的高度
自泄	漂球失灵，漂杆腐蚀坏 漂子门销子折断 漂球与漂杆连接断裂 漂球被浸入水中 漂杆定得过高 漂子门不严	换漂杆 修配销子 更换漂球，避免漂球与其他相碰 调整漂杆 调到合适程度 更换门芯胶皮或门芯
锁母漏水	高水箱不稳 填料失效	固定高水箱 更换填料
哈风排水口漏	垫料失效 垫料弹性不够	更换垫料 更换垫料
高水箱不稳	受外力撞击或拉绳用力大	更换铝垫或开脚螺栓、注意使用
高水箱损坏	有细微裂痕 严重损坏	用胶布，外涂环氧树脂 更换高水箱
冲洗管损坏	撞击或高水箱挪位	重新配管

2) 大便器有坐式和蹲式两种，常见故障及修理方法，见表 3-7。

大便器的常见故障及修理方法 表 3-7

常见故障	产生原因	修理方法
大便器堵塞、污水不流或流得很慢、楼板渗水	存水弯有堵塞物 排水管中有堵塞物	用搋子搋或钩子钩 打开扫除口疏通
瓷存水弯损坏,不下水有渗漏	堵塞时用木棍乱捅	刨开地面更换存水弯
坐便器摇动	地面木楔腐烂 固定螺钉腐烂	更换新木楔 新螺钉重新固定好
胶皮碗漏水,致使地面渗漏	皮碗或铜丝蚀烂 铜丝绑扎不良	刨开地面更换，重新绑扎
大便器裂纹或破碎	重物撞击轻微裂纹 严重碎裂	用水泥砂浆糊上 更换大便器

3）小便器常见故障及修理方法，见表3-8。

小便器常见故障及修理方法　　　　　表3-8

常见故障	产 生 原 因	修 理 方 法
不下水	尿碱或异物堵塞存水弯	用揣子揣，如不见效可打开存水弯活接疏通冲洗
底部冒水	存水湾水封破坏或堵塞	拆卸清通或更换存水湾
存水湾漏	承插口漏 活接漏 丝堵漏	更换、增加填料更换垫料 卸下缠麻重上或更换
直角水门漏	皮垫或塑料芯损坏 阀体损坏，阀杆滑加	更换新直角水门

4）瓷脸盆常见故障及修理方法，见表3-9。

瓷脸盆常见内故障修理方法　　　　　表3-9

常见故障	产 生 原 因	修 理 方 法
水嘴处漏水	盖母漏，销母漏 关不严	相应更换填材及垫料
排水栓漏水	根母松，托架不稳	拧紧根母或加垫料，稳固托架
瓷脸盆损坏	有细小裂缝 使用不当，严重损坏	用防水胶粘剂补缝，更换脸盆
不下水	排水栓或存水弯堵塞	有橡皮泵拨或疏通
存水弯与排水管接口漏水	排水管道内有异物堵塞	疏通

5）拖布池和家具盆常见故障及修理方法：拖布池和家具盆均易出现堵塞，修理时先用揣子揣，揣不通时需用竹劈或细钢丝疏通；当其托架不稳时，进行稳固即可；下水栓漏水时，需拆下下水栓重装；如被损坏，则应更新。

6）淋浴器和澡盆常见故障及修理。淋浴器常见故障有：一是阀门不严或滑扣，须更换阀杆或阀门；二是水碱堵塞，可打开平向供水干管尽头的丝堵，以压力冲洗水碱或拆开活接头，拆下喷头，冲洗水碱；三是热水过不来，大都是冷水阀门过大，顶住了热水，也有可能是水碱堵塞或设计不合理。

澡盆的常见故障是下水堵塞。修理时先用揣子揣下水口，不通时需打开存水柜检查。可用细钢丝疏通存水柜进水口。如再不奏效，打开澡盆检查口进行疏通。

修理中应注意：

a. 修水嘴时，不能让水嘴转动，应使用特制扳手扳住，同时不能碰坏脸盆。

b. 更换脸盆时，应使用同规格、型号的脸盆，以免与托架不吻合。

复习思考题

一、名词与术语

物业环境卫生管理　黑色污染

二、思考题

1. 物业垃圾对环境会造成哪些危害？如何进行防治？

2. 物业环境卫生管理可采取哪两种形式？其管理机构应该怎样设置？
3. 物业环境卫生管理的基础工作包括哪些内容？
4. 怎样做好物业小区的日常卫生工作？
5. 大厦类物业的日常清洁应注意哪些方面？
6. 物业污水排放系统由哪些部分组成？如何对其进行维护和管理？

第四章 物业环境绿化与管理

第一节 物业环境绿化的概述

绿色，代表自然，象征生命。绿色空间，能给居住区带来舒适、优美、清新和充满生趣的环境。在物业区域中，应该进行充分的科学的绿化，尽量为人们创造健康地生活和工作的生态环境，满足人们的生态需求，使身居城市的人，也能享受"山林之乐"的生活。

一、物业环境绿化的功能

绿化，简单地说，就是有目的、有规划地栽种绿色植物（树木、花草、草坪等）以改善自然环境和人们生产、生活条件的措施。绿化的功能包括两个方面，即物质功能和精神功能。

1. 绿化的物质功能

绿化的物质功能是指绿化具有遮阳、隔声的功效，能蒸发水分、增加空气中的相对湿度，降低气温，改善小气候；通过植物的物理吸附、过滤作用和生理变化的代谢反应（如光合作用），能吸收和富集氟化氢、二氧化碳、二氧化硫、臭氧、氯气、氨气等有害物质，起到净化空气的作用；此外还有防风、防尘、杀菌、防病的作用。主要为以下几方面：

（1）遮阳防辐射

据调查资料表明，茂盛的树木能挡住50%～90%的太阳辐射热。草地上的草可以遮挡80%左右的太阳光线。炎热的夏天，当太阳直射在大地时，树木浓密的树冠可把太阳辐射的20%～25%反射到天空中，把35%吸收掉。

据实地测定：正常生长的大叶榕、橡胶榕、白兰花、荔枝和白干层树下，在离地面1.5m高处，透过的太阳辐射热只有10%；柳树、桂木、刺桐和芒果等树下，透过的是40%～50%。由于绿化的遮荫，可使建筑物和地面的表面温度降低很多，绿化了的地面辐射热为一般没有绿化地面的1/15～1/4。

落叶树木，十分切合时令。冬季叶落，暖日高照，夏天枝叶繁茂，遮日生荫。因此我们可以利用其生长季节性的特点，为改善居住区环境服务。作为行道树，宜选择枝长叶大的树种，在它们的覆盖下夏天在街上行走会比较凉爽。在东西向建筑的西侧，种植成排的高大落叶乔木可使居民减少太阳西晒之苦。

（2）降温增湿

植物在生长过程中，从叶面蒸发水分，这种现象称为"蒸腾"。植物吸收阳光作为动力，把空气中的二氧化碳和水合成有机作养料这种现象称为"光合作用"。蒸腾作用和光合作用都吸收太阳辐射热，降低空气温度的作用。植物的根部能保持一定的水分，可以吸收地面上的大量热量而起降温作用。

绿化能蒸发水分，增加空气中的相对湿度；而散出来的水分可吸收热量，从而降低炎热季节的气温。在一般情况下，夏季树荫下的空气温度比露天的空气温度要低3~4℃，而在草地上的空气温度比沥青地面空气温度低2~3℃。绿化对地面有明显的降温作用。夏天午后，砂石和沥青地面最高表面温度可达45℃，草地仅有30℃，而水体只有20℃左右。

不同绿化方法对街道气温和地表温度也有很大的影响，据调查，从空气温度来看，无绿化街道可达到34℃，植两排行道树的则只有32℃，相差2℃左右，而花园林阴道只有31℃，竟相差3℃之多。从地表温度来看，无绿化街道可达到36.5℃，而林阴道只有30.5℃，相差5~6℃。

(3) 改善空气质量，有益于人体健康

空气质量关系到人体健康，主要体现在如下几个方面：

1) 吸收二氧化碳、释放氧气

绿色植物在生长过程中必须进行光合作用，吸收二氧化碳来合成其生命所必须的碳水化合物。同时释放出大量的氧气。众所周知，没有氧气，人类的生命就无法延续。据印度科学家研究，一棵生长期为50年的树，可生产氧气1000kg，每一公顷绿化面积每天可吸收二氧化碳900kg，产生出氧气600kg。绿色植物自觉扮演着空气调节师的角色，为我们提供了一份清新空气。

2) 吸收二氧化硫等有害气体，减少对人体的危害

据最近北京市公布的空气质量周报显示，北京市的空气质量等级为3~4级，空气污染情况比较严重，其中主要污染物质为氮氧化物和硫氧化物。世界上各大城市也存在着不同程度的空气污染，而其中在空气中数量最大、分布最广、对人体健康危害较大的有毒气体就是二氧化硫。要彻底解决空气污染问题，除了工业治理、法律约束外，城市绿化的作用也是相当突出的。据研究，绝大多数树木花草对二氧化硫、二氧化碳等有害气体都有较强的吸收能力，经过绿化的合理配置可幅度降低空气中二氧化硫的含量。据测定，绿化覆盖率达到30%以上的地段比未绿化地段空气中二氧化硫的含量低90%以上，这就大大降低了空气污染程度，为保证人类的身体健康作出了贡献。

3) 良好的杀菌灭菌效果

在我们生活环境中，空气往往受到患病者或带菌者的呼吸、咳嗽、喷嚏而喷出的细菌的污染，会随着呼吸进入人体，就很容易使健康出现问题。而绿色植物枝叶分泌的挥发性物质可以说是空气中细菌的"天敌"。据研究，白皮松分泌的挥发性物质对葡萄球菌的杀菌效果高达99.8%。其他如油松、桧柏、侧柏对葡萄球菌的杀菌效果也分别达到了99.2%、68.8%、36%。1ha松树或桧柏树林一昼夜分泌的挥发性物质可达30~60kg，可覆盖到半径2~3km的面积，对该地区空气中的葡萄球菌、绿脓肝菌、结核肝菌等都有较强的杀菌效果。在住宅小区绿化中进行合理的植物选配，就能使空气中的杀菌净化工作昼夜不停地进行下去，有效解决居住小区人口稠密、空气污浊的问题，还居民一份洁净的空气。

4) 有效的防尘降尘效果

空气中的飘尘主要来源于燃料燃烧产生的烟尘，以及生产活动中激起的粉尘和空气流动带来的灰尘。飘尘中往往带有多种病毒和汞、铅、砷、镉等有害物质。当飘尘进入人体后往往会对人体的肺及呼吸道造成损害；当飘尘浓度超过标准1倍左右时，呼吸道感染和

肺癌的发病率会急剧升高。要除尘防病，合理绿化无疑是一项有效手段。绿色植物树叶表面粗糙，对空气的尘埃有很强的吸附能力。1ha云杉林每年可吸尘320t；由榆树、丁香、草、山丁子组成的乔灌草林减尘率可达75％；由落叶松树、草组成乔草林减尘率可达55％；由落叶松林、榆丁香组成的乔草林减尘率可达65％；由丁香为主的灌木林减尘率可达80％，可见绿化防尘是一种既有效又经济的防尘手段。

（4）改善局部气候，筑起防风屏障

气候是影响人们生活舒适程度的重要因素之一，气候的干燥、潮湿、炎热、寒冷都会使人感到不适，气候的急剧变化更使人难以适应，甚至引起疾病，如常见的感冒、老年性气管炎等。而科学合理的绿化可以在一定程度上对气候变化起到调节作用，提高人们生活的舒适程度。在炎热的夏季，树叶能吸收大量的太阳辐射热能并把一部分辐射热（约17％）反射回天空。据测定，城市露天广场的气温达到35℃时，树荫下的气温一般只有22～23℃，所以人们夏季很喜欢在树荫下乘凉。在同一时间内，街道柏油路面的温度是48℃，树荫下地面的温度是37℃，树荫下草坪的温度是36℃。统计结果表明，夏季绿化地区的平均温度要比非绿化地区的平均温度低10～11℃。而冬季绿化地区则要比非绿化地区气温高3～4℃。可见绿地调节气温的作用相当突出。

绿色植物对调节空气的相对湿度也有较大作用。夏季干燥、炎热的天气让人难以适应，高温高湿的天气更使人闷热难受，这时由于人体生理活动产生的热量不能及时散发，导致身体过热，常常会引起头痛、眩晕、恶心、虚脱等症状，这就是我们常见的中暑现象。在干燥的地区，绿色植物利用其叶子的蒸发作用把从土壤中吸收的水分大量释放到空气中，增加了空气的相对湿度。在潮湿的地区，一方面树叶的蒸发作用减小；一方面树木根系从土壤中吸收水分，贮存在枝干中，使土表趋于干燥，降低了空气的相对温度。绿色植物为给人类创造一个适宜的空气湿度一年四季都在做着"不懈的努力"。

树木的防风效果很早就为人们所肯定。早在20世纪80年代，我国就在东北、华北、西北地区兴建防护林带，这就是有名的三北防护林工程。它有效地阻止了蒙古高原风沙的南侵，取得了可观的社会经济效益。林木的防风效果与林木种植的疏密程度、树木树冠的茂盛程度有着直接关系。一般的城市公园、绿地中的风速要比城市空旷地区平均低0.8～2.6m/s。物业小区尤其是北方多风地区的物业小区，只要在绿化中合理选择树木品种，一定能达到比较好的防风效果。

（5）降低噪声，隔声、消声

人们生活中离不开声音，我们依靠它来传递信息，交流感情。很难想像如果没有了声音，我们的生活将会变得怎样的枯燥而单调！但是并不是我们生活中的所有声音都有存在的意义，有些声音的存在不但没有价值，而且还会妨碍我们的正常休息和工作，甚至还会对我们的身心健康产生不利的影响。我们把这种人们不需要的、感到吵闹的声音称为噪声。噪声主要来源于工业噪声、交通噪声、生活噪声等。由于噪声没有有形的污染物，它的能量随着在空气中的传播逐渐转化为空气的热能，所以噪声的危害长期没有引起人们的重视。但随着城市工业化水平的不断提高，人口密度激增，交通运输流量不断扩大，噪声污染已成为城市中的主要公害之一，其危害也引起人们的广泛关注。

一般来讲，噪声对人体的危害主要与其强度和频率有关，强度越大，频率越快，对人体危害就越大。当噪声超过一定的标准（住宅区白天45dB，夜间35dbB；商业区白天

60dB，夜间45dB；工业区白天65dB，夜间55dB；交通干线两侧白天70dB，夜间55dB)后，长期反复作用于人的听觉器官，会引起听觉神经疲劳，听力下降等听觉神经功能障碍。同时通过神经系统作用于大脑，造成心脑血管等多种器官长期紧张，大大增加了心脑疾病的发生率。充分利用植物的吸声隔声功能，合理布局，建立隔声绿化带，就成为住宅小区防止噪声污染的有力手段。

据测定，噪声通过一条10m宽的悬铃木林带将降低7dB，通过一条34m宽的毛白杨林带将降低16dB，通过一条18m宽的雪松、桧柏林带将降低16dB，通过一道4m宽的绿篱将降低8.5dB。如果在住宅小区靠近交通干线的一侧选择一些枝繁叶茂、树冠浓密、叶面粗糙的乔灌木组成一条布局合理的绿化带，即能产生较好的隔音、消音效果，又能与整个小区相互辉映，突出小区的整体视觉效果。

2. 绿化的精神功能

绿化的精神功能是指绿化可以美化环境，分隔空间，成为人们消闲娱乐的场所，起到丰富生活、陶冶情操、消除疲劳的效果。

具体表现为以下几个方面：

(1) 美化环境，满足人们的心理需求

人的心理活动，存在着由低到高的层次要求，高层次的心理活动必然要在低层次的心理活动得到满足的基础上实现，但低层次的心理活动也可能突然终止，去追求一个更加完美的心理活动过程。

不难看出，现代人在满足了从生理到心理，由低到高层次的追求过后，与此相匹配的需要，就是要求其居住环境优雅、安静。花草树木一方面常年以绿色为主色彩，给人以一种安闲、柔美的视觉效果；一方面可与建筑物相互映衬、相互补充，使空间分隔更自然，生硬的建筑线条变得柔美，使各类景观相映成趣、生动活泼，置身其中，能给人一种轻爽、松弛的舒适感受，满足人们爱美的心理需要。

(2) 分隔空间

在室外活动时，居民的心理有二重性：一是秘密性，二是社会性。绿篱能很好地起到分隔室外空间的作用，满足居民私密性要求。又因它能做到空间"隔而不断"——空间分开了，但整个环境还是连通的，视线没有阻拦。这就能满足居民社会性要求。绿化与围墙不同，是一种"软"物质，没有生硬封闭的感觉，用来遮景和配景是很理想的。

(3) 活动场所

居住区绿地离住宅最接近，是居民丰富生活、陶冶情操，消除疲劳最方便的室外活动场所。在绿墙布置中要尽量满足居民多种多样的需求，例如休憩、体育锻炼等。他们要求空气新鲜，环境安静，有活动场地。

据调查表明，居住区的室外空间是居民活动最频繁的场所，即使用率最高的不是城市大公园，而是居住区绿地或居住区附近的小游园。虽然后者规模小、内容不够丰富，但靠近人们的住所，使用十分方便。

居民区小公园的游人比城市大公园要多出许多。后者在节假日年轻的双职工才有时间带着小孩逛上几个小时，因此针对居民的室外活动需求，搞好居住区内部的绿地布置十分重要。居民的室外活动对绿地主要是消闲的需求。不同年龄的居民，其消遣活动也有所不同。青少年和成年人占用的活动时间长，在居住区以外的活动，如文化娱乐、社会交往、继续教育等也较多，他们在居住区公共绿地内的活动偏于休息、散步；学龄前儿童、部分少年儿童和老年人则有足够的闲暇时间以各种方式在居住区绿地内度过。

(4) 儿童游戏

儿童在居住区的室外活动时间是最多的，绿化应更多地考虑他们的需求。幼儿的认识能力有限，游戏是他们的主要活动，是促进儿童身心健康全面发展的最好形式。在居住区内应较为普遍地设置儿童游戏设施，让他们有地方就近活动。游戏设施应简易耐久，不宜搞大型游乐设施。

绿化必须根据不同情况采取不同的对策，不能笼统对待。在空间不大的住宅庭院里，种树太密不但堵塞空间，夏季还会影响通风效果。道路两旁不要机械地都种上一排行道树，还须结合两旁建筑物的性质和功能要求区别对待。例如，在靠近住宅一侧种两排高大乔木，里边还种上灌木丛，可隔声；在靠近商店一侧做低矮的花坛，既起美化作用，又不遮挡商店门面。

二、环境绿化系统

环境绿化系统是指不同规模、不同种类的绿地，按点、线、面相结合的原则，组成的相互协调的有机体系。就城市而言，指城市范围内的绿地系统。从物业管理的角度，物业管理区域内的绿化可以称为物业环境绿化系统，是城市绿化系统的重要组成部分。

物业环境绿化系统包括地面（水平）绿化系统和空间（垂直）绿化系统两部分。

1. 地面绿化系统

地面绿化系统主要由以下几部分组成：

(1) 公共绿地　物业范围内公共使用的绿化用地，如居住区和居住小区公园、住宅组群的小块绿地、林荫道等。公共绿地是物业环境绿化的重点和环境小品的主要布置地点，也是业主、使用人户外休闲活动的重点地段。

(2) 公共建筑和公用设施绿地　学校、幼儿影剧院周围的绿地等。

(3) 住宅旁和庭院绿地　住宅四周与一楼小庭院的绿化用地。

(4) 道路绿化　物业范围内机动车道、人行道是污染比较严重的地段。在两旁种植行道树或灌木丛，能遮阳、通风、防尘和防噪声，起到改善小气候的作用。

2. 空间绿化系统

空间绿化可以增大造绿量，创造良好的物业生态环境。它主要由以下几部分构成。

(1) 屋顶绿化　将植物栽种于平屋顶上，是物业环境多层次绿化的一部分。这种绿化最好是在房屋设计时一并考虑。

(2) 建筑物墙面绿化　在建筑物的墙脚种植攀援植物，植物可沿墙向上生长，覆盖墙面，使建筑物成为"绿化墙面"。可绿化的墙面，大多是建筑物的外墙和庭院的围墙，随着人们环境绿化意识的增强，墙面绿化将会有更多人欣赏认同，发展前景是乐观的。

(3) 阳台绿化　用各种花卉盆景等绿色植物将阳台装饰起来。阳台和人们的居住环境最接近，是以住户为主的绿化，具有直接陶冶情操的作用。

(4) 室内绿化　在室内利用少量植物绿化的方式进行装饰。人们生活水平和欣赏水平的不断提高，使室内绿化的要求和绿化水平也在不断提高。

(5) 棚架绿化　攀援植物在一定空间范围内借助于各种构件构成棚架生长组成景观，如花门、绿亭、花廊、花榭等。

(6) 篱笆与栅栏绿化　利用园林植物成行地紧密种植生长而成。低绿篱一般用于分隔区域，高绿篱常做成树墙或栅栏，具有防护性能。

(7) 立体花坛　在往来人口较多的地段上，以建筑（构筑）造景和植物造景构成的混合艺术造型。

(8) 护坡绿化　利用栽种植物来保护具有一定落差坡面的绿化形式。

三、环境绿化评价指标

1. 绿地率：指小区内绿地面积与小区总用地面积的比率。

绿地率＝小区内绿地用地面积÷小区总用地面积×100％

2. 绿化覆盖率

绿化覆盖率＝绿地覆盖面积÷小区总用地面积×100％

其中：绿地覆盖面积指乔灌木树冠垂直投影面积、空地被植物覆盖的面积、屋顶绿化覆盖面积的总和。多层绿化面积不得重复计算。

3. 人均公共绿地面积

人均公共绿地面积＝小区公共绿地面积÷小区内居住总人口

其中：小区公共绿地是为小区服务的集中的公用绿地，包括儿童运动场地、青少年活动场地和老年人休息绿地，小区内的中心公园、广场绿地、河滨绿地和设有行人休息设施的林荫道绿地等。

第二节　物业环境绿化管理

物业环境绿化既是一年四季日常性的工作，又有阶段性的特点。如植物树木的修剪、整形。环境绿化管理的工作内容归纳起来可包括园林绿地的设计和营造、已有绿地的日常养护及物业区域内绿化管理。

一、环境绿化管理机构设置与职责划分

1. 环境绿化管理机构设置

物业管理公司对环境绿化管理工作可以分为两种模式进行：一是与专门的园林绿化部门签订委托合同，将此项工作以合同的形式转包出去，物业管理公司只需设立一个绿化督查小组，二是公司成立自己的物业绿化部门，物业管理公司自己履行环境绿化职能。

(1) 第一种管理的模式下

在这种规律模式下，物业管理公司只需设立一个绿化督查组即可，机构简单，职能明确，即定期检查绿化养护情况和收集住户的物业环境绿化情况的意见，督促承包公司改进工作，提高工作质量，而物业管理公司的绿化管理职能转移给了专业园林绿化部门。

(2) 在第二种管理模式下

物业管理公司设立绿化管理部，作为环境绿化管理的专门机构，向分管该领域的副总经理负责。绿化管理部可根据绿化的实际情况设立班组，一般要设一个养护组、花圃组和服务组，而且花圃组和服务组均可以直接对外经营为公司创收。

图4-1　绿化管理部机构设置

绿化管理部机构设置，如图4-1所示。

2. 绿化管理部各级人员职责

绿化管理部的人员包括部门经理、绿化技术人员、花圃组养护管理人员、服务组养护管理人员。各级人员应当认真履行自己的职责，认真搞好物业环境绿化工作。

各级人员具体职责划分如下：

（1）部门经理

1）对分管总经理负责，首先应负责制订本部门工作规划，并安排布置落实班组做好检查、监督和考核工作。

2）负责组织绿化管理人员的岗位培训和技术培训。

3）编写风景设计要求建议和花草树木购买计划以及维护改进物业景观的计划。

（2）绿化技术人员职责

1）对部门经理负责，制订绿化技术管理规定和措施并负责实施。

2）负责部门内的绿化培植、养护管理的技术培训和部门外的绿化经营技术业务，并检查督促好绿化培植、养护管理的技术工作。

3）定期向经理汇报日常工作情况。

（3）花圃组养护管理人员职责

1）负责培育各种花卉苗木，不断学习新技术，积极引进和培育新品种。

2）妥善保管使用好各种工具器材。

3. 绿化养护管理人员职责

（1）熟悉辖区内的绿化工作规划、面积、布局、花草树木的品种和数量，与卫生班组搞好协调关系。

（2）懂得花草树木的名称，种植季节、生长特性、培植管理的方法。

（3）每天在负责的绿化区巡视，保证绿化场地不留杂物、不缺水、不死苗、花木生长茂盛。

（4）检查、记录和报告绿地花草、树木情况，及时处理违章事件。

（5）保管好用具、用品、用剂。

二、环境绿化的合理布局

1. 植物的选择与种植方法

在掌握小区美化与绿化要领、关系及其内容的基础上，作好绿色植物的搭配与设计，使其布局合理，是美化与绿化小区物业环境的关键所在。所谓"布局"就是对园区内的植物种植、绿地与水面设计和建筑小品等作出全面安排。

（1）植物的选择

植物，主要是指树木与花卉。在选择植物品种时，必须结合小区的具体条件，即城市居住区都具有建筑密度高、绿化用地少、同人接触多、土质和自然条件差等特点。因此应选用易长、易管、耐旱、耐阴、落叶少、病虫害少、无花絮、无刺、无毒、无刺激性的植物。在选种配植时，要掌握以下原则：

1）因地制宜　要适地适树，树木生命周期长，如选择不当，将造成严重后果。植物的选择一定要以当地的植物为主，地方树种是经过长时间的自然选择，已被证实可以生存的种类，且造价低，同时能使小区园林充分体现地方特色。

2）小区路树应选树干高大、树冠浓密、根深耐旱、清洁、无臭、速生、抗病强的树种。

3）注意常绿树与落叶树搭配：

a. 落叶植物生长较快，每年更换新叶，对有毒气体、尘埃的吸收能力较强，因此，在污染严重的地方应加大落叶树的比例。

b. 由于气候的差异，北方的冬季比南方要寒冷，因此日照比较重要，一般常绿与落叶植物的比例为：

华南地区：常绿70%～80%，落叶20%～30%。
华中地区：常绿50%～60%，落叶40%～50%。
华北地区：常绿30%～40%，落叶60%～70%。

c. 常绿树分为阔叶常绿及针叶常绿两种，阔叶常绿树分布在南方，北方以针叶常绿树为主。常绿植物一年四季都有良好的景观效果，但生长较慢，栽植时比落叶植物费工许多倍，且需机械施工，故确定常绿树比例时要根据经济情况及施工力量等加以考虑。

4）速生树与慢生树结合

树木的生长是需要时间的，速生树种在绿化初期可产生好的效果，但存在寿命短的问题，慢生树虽然生长延缓，但寿命长，所以慢生树要与速生树种结合，才能保证近期和远期景观。因此，要以速生树为主，但若干年后需分批更新或用慢生树代替。

5）乔、灌木合理搭配

配植中，乔、灌木通常是搭配应用互为补充的，它们的组合必须满足生态条件。第一层的乔木应是阳性树种，第二层的亚乔木可以是半阴性的。分布在外缘的灌木可以是阳性的，而在乔木遮荫下的灌木则应是半阴性的。乔木为骨架，亚乔木、灌木等紧密结合构成覆层、混交相对稳定的植物群落。

在艺术构图上，应该是反映自然植物群落典型的天然之美。

6）水池边宜栽植落叶少不产生飞絮的花木，减少水面污染。

7）小区绿地中栽的花木尽量选用不带刺和无毒的品种。

8）结合日照、通风设计植物配植。

在住宅向西的一面栽植落叶乔木遮挡夏季日晒。住宅南边的乔木应远离窗口以保证室内光线充足，临窗10m内不宜种高大常绿树。面向夏季主导风向一侧应保持敞开；寒冷风大地区在面风一侧密植大树以御寒风。

（2）植物配植的方法

1）孤植

小区绿地中孤植树是为了突出植物的个体美，一般作为构图的重心，处于构图的中心部位。能够成为孤植树的植物体形要大，外轮廓线要富于变化，树枝优美或季节变化显著，开花繁茂有浓郁的香味，果实奇特或具有艳丽的色彩。

孤植树一般分为观赏树、庭院树，或两者兼顾。

孤植树常布置在小区入口处，绿地中心或一角。在绿地内植一姿态美，花、色、香俱佳且花期长的孤植树可遮荫乘凉，在树冠的阴影下形成的以树为中心的活动空间，就像设亭子一样成为景观，供居民欣赏、休憩。绿地的某一角亭玉立的一株小的孤植树也会给绿地带来一种清新感。

孤植树最好选用乡土树种，有望树茂荫浓，健康生长，树龄长久。

2）对植

对植不同于孤植，对植不是主景，而是配景，对植树在建筑绿化中常见，特别是在入口处和道路两旁，采用对植可表现庄重、稳定及秩序感。

对植可分为对称和拟对称两种种植方式：

对称种植：主要用在规则式的园林中，构图中轴线两侧，选择同一树种，且大小、形态尽可能相近，与中轴线的垂直距离相等。采用这种对植，两侧的树种、树高、树形宜一致，以便取得均衡式构图。

拟对称种植：主要用在自然式的园林中，构图中轴线两侧选择的树种相同，但形态大小可以不同，与中轴线的距离也就不同，求得感觉上的均衡。采用这种对植两侧的树木高矮不等，但可借环境如建筑取得动态平衡。

小区绿地布置可采用规则式和自然式两种格式。接近房屋建筑物的园区采用规则式，远离房屋的地方采用自然式。规则式表现景物对称、整齐、端庄、明确、显著；自然式表现优柔、活泼、含蓄、曲折、淡雅。两者结合起来，则形成混合式园林。

3）丛植

一个树丛由2～3棵或9～10棵同种或异种乔木或乔、灌木混栽所组成，以表现群体美感为主的种植形式。通过树种及高矮的搭配，形成富于变化的造型。树丛的功能有以观赏为主和以庭荫为主兼供观赏的，这一点与孤植树相似，所不同的是除了考虑单株的个体美之外，更主要的还要很好地处理株间、树种间的关系。所谓株间关系，是指疏密、远近等因素；树种间关系是指不同乔木以及乔、灌之间的搭配。在处理株间距时，要注意整体适当密植，局部疏密有致，使之成为一个有机的整体；在处理树种间关系时，要尽量选择搭配关系有把握的树种，且要阳性与阴性、快长与慢长、乔木与灌木有机地组合。如数株分散种植时，要注意相互间的位置尽可能散而不匀，构图宜呈三角形或任意四边形，交错组合，彼此呼应，但应以其中一株为主，在建筑周围丛植成林会郁郁葱葱，可使人有脱离闹市来到郊外林间的感觉，有走进大自然之意。

（3）绿篱

绿篱，是指用木本或草木植物密植而成的围墙，是庭院美化与绿化常用的一种形式。

1）绿篱的作用

a. 植被与保护裸露土层；

b. 以绿篱作分区界限，可将外界噪声与交通隔开；

c. 可作喷泉、雕塑、花径的背景，也可作装饰图案；

d. 用绿篱分割空间，通过分割可创造人所需的空间尺度，丰富视觉景观，形成远、中、近多层次的空间深度，满足居民在绿地中活动时的感受和需求。

2）绿篱的分类

绿篱：0.5～1m高度的绿篱，具有很好的防护作用，园林绿地中常用。

高绿篱：人的视野可通过，但其高度不能让一般人跳跃而过的绿篱。

矮绿篱：高度在0.5m以下的绿篱。

园林中常用的绿篱——常绿篱。

常绿篱由常绿树构成，应用最普遍。华北地区常用的树种有：桧柏、侧柏、大叶黄杨、朝鲜黄杨等；华中地区常用的树种有：冬青、女贞、珊瑚树等；华南地区常用的树种有：茶树、蚊母树等。

(4) 草坪

草坪，是用于覆盖地面低矮的草本植物，有观赏及使用功能，是小区绿地的主要组成部分。开阔的草坪给人以舒展感，使人心旷神怡，大多数树木配置草坪，以点缀花坛，追求形式、质感的对比，构成较丰富的整体绿化。还可与各种植物以不同的组合方式而形成不同意境的空间。如绿色草坪围绕着弧形树丛，草坪中纵横几条小路，穿插种植树木，平静中的动感由此而生。小区内设小溪流水滋润绿茵草坪，一幅充满乡间情趣的画面展现在眼前。草坪与成片的树林结合，人们仿佛回到了大自然的怀抱。绿色草坪所形成的平面形态又可成为艺术品的展台及衬布，室外雕塑都伫立于草坪这幅自然美的背景中。在草坪林间设置一块硬地可供居民开展各种户外活动。

选择草种的原则应是：绿色期较长，抗旱及抗倒伏，耐践踏，叶子韧性强，不易破碎，生长迅速，耐修剪，对过热、过寒的气候有一定的抵御能力。

(5) 花丛

花千姿百态，绚丽多彩，是小区绿地中最为活跃的要素。花的栽植形式也最为随便，可植于地里、花钵、花盆中，还可成片种植并穿插不同花种形成图案。花丛是把自然风景中野生花卉的景观经过艺术加工在绿地中应用，常布置在草坪周围、林缘、树丛、树群与草坪之间。其植物的选择与搭配种类不宜多，但高矮不限，以茎干挺直不易倒伏、植株丰满、花朵繁多的植物为佳。

2. 绿地水面布局

在小区绿地中，水是变化较大的设计因素，它能形成不同的形态，如平展如镜的水池，流动的叠水和喷泉。水还能使空气凉爽，降低噪音，灌溉土地，提供造景手段，并有良好的治疗手段，看看湖光水色，听听泉乐涛声，使人心情畅快、心绪平静、安详，有宁神安眠的效果。小区内设置弧形水池，岸边植满绿树，池中水在阳光普照下晶莹耀眼，平静的水面映出周围景物的倒景，令人感觉如真似幻，轻盈飘逸。此外，一池平静的水还可作为其他元素（如雕塑、建筑、孤植树或喷泉）的背景。

水生植物可以丰富水面景观，起到美化水面、绿化水面、净化水面的作用。种植种类的选择要因地制宜，因为水中氧的含量很小，所以水生植物一般不宜生长于深水中，绝大部分只能在 1~3m 的水中生长。水体流动能增加水中氧的含量，完全静止的小面积水体，不适合水生植物的生长，有些植物只能在溪涧或泉水等流速较大之处生长。另外，大多数水生植物要求阳光及通风良好的环境。在北方，水生植物的越冬，要采取多种保护措施。

3. 建筑小品的布局

居住小区内建筑小品的内容十分广泛，小品布局要突出实用价值，又必须具有艺术性，要考虑不同年龄段居民活动的特点和需求：即供儿童活动用的小品要有趣味性；青少年用的小品要轻快、明确；老年人用的小品要朴素大方，平易近人。建筑小品可分为：

(1) 功能性小品：有座椅、桌、园灯或路灯、果皮箱、休息亭廊、儿童游戏设施、地面铺装等。桌、椅、凳是供居民休息和谈心、赏景用的，宜布置在环境优美、有景可观之处，如在一片丛林中设置一组雕塑为蘑菇形的圆凳，宛如林间生长出来一般。在设计桌、椅、凳时可将它们单独设置也可组合布置,也可与园灯、假山组合一起,美化环境,这一点在功能性小品布局中不可忽视。小区绿地划出一部分作为儿童游戏场,设置滑梯、秋千、砂坑等。另外,也应为老年人提供一些活动场所。随着社会发展,我国人口结构发生了变化:如老年人迅速增加;长寿老人增多;离退休人员日增;对文化休息的场所要求迫切等。大部分老年人生活宽裕,心情舒畅,身体健康,有较充沛的精力和较多时间参加社会活动、人际交往,对文体活动有极大的兴趣和热情。可多设置造型别致又兼避风躲雨的功能性"亭子"、"躲雨棚"等供老人休息赏景。

(2) 装饰性小品:有花架、花坛、水池、山石、雕塑等。

雕塑小品具有观赏性,形式丰富多彩,有人物、动物雕塑等。这些小品可启迪人的思想,诱发生活热情。也有用几何图形为题材的雕塑小品。另外还可运用雕塑造型手法制作果皮箱,塑成仿树皮、竹的混凝土亭子,仿树桩圆凳,还可与水池、喷泉、植物、山石等组合成景。各种形式的喷泉水池,造型各异,动态感强的景点小品给环境带来自然舒畅的感觉。

(3) 分隔空间的小品:有入口标志、围墙、栏杆等。

建筑小品,在建筑空间的处理中可以形成无形的纽带,引导居民由一个空间进入另一个空间,起着导向和组织空间画面的构图作用;绿化建筑小品还起着分隔空间与联系空间作用,使步移景异的空间增添变化和明确的标志。

三、物业绿化植物的种植与养护

对具有较高价值与观赏价值的树木、花草,经过精心选择在种植与培育时,不仅要懂得要领、布局,更重要的是要掌握种植与养护技术。尤其是种植较多的乔灌木树种和草坪更需要加强技术养护与管理。只有重视养护技术,才能使小区物业一年四季作到花儿常开,树木常青的美化与绿化的最佳效果。

1. 乔灌木种植前的准备

乔灌木种植前,应做好如下的准备工作:

(1) 准备好种植场地,包括平整、换土、施底肥、喷水等;
(2) 选定种植数量:棵数、间距、地段、甬路与小品搭配;
(3) 明确种植目的、意图,作出种植设计或方案;
(4) 落实树种来源和运输方式;
(5) 明确开竣工时间与种植后的岗位责任;
(6) 其他准备工作及有关事项。

2. 乔灌木的种植与养护

乔灌木的种植,通常应包括如下环节:

(1) 种植时间

树木是有生命的机体,其生命活动与气候有着密切的关系,一般是夏季生命活动最旺盛,冬季最微弱或近乎体眠状态,一般应选择树木生命活动最微弱的时间进行移植才最有利于树木成活。

在我国北方春季种植比较适宜,一般在3月中下旬至4月中下旬适合种植大部分叶树和常绿树。此外由于常绿树在夏季高温期有一个短暂的休眠期,也可在7、8月份的雨季中种植,时间宜选择在下过一两场透雨之后,另外一些耐寒、耐旱的树种也可选择在秋季树木落叶后种植。

（2）定点放线

定点放线是在现场标定绿化的范围和各苗木种植的位置及株距，在有条件的情况下可以由施工人员按设计图线自行进行，如果地下障碍物多，管线复杂，或施工人员无定点放线经验，可请设计人员或市政勘测人员到现场进行放线、验线。

（3）掘苗

苗木质量的好坏是保证植树成活的关键。为提高种植成活率，达到满意的绿化效果，在种植前应对苗木进行严格的选择。苗木选择的一般标准是在满足设计规格和树形的条件下，生长健壮，无病虫害，无机械损伤，树形端正，根系发达。苗木选定后应在其上做出标记以免掘苗时发生差错。

掘苗时要保证苗木根系完整。露根乔、灌木根系的大小一般应根据掘苗现场株行距及树木高度、干径而定。一般乔木根系为树木胸径的10倍左右；灌木根系为树木高度1/3左右。

裸根起苗时应尽量保留较大的根系，留些宿土。土球起苗时应视当时当地的气候情况及苗木成活能力来决定土球的大小，难成活的苗本要适当加大土球尺寸，起出时土球应保证完好，包装时要严密，土球底部不能漏土。

（4）运输

苗木装车运输前应先进行粗略的修剪，以便运输过程减少苗木的水分蒸腾。装车时灌木可直立装车，落叶乔木应根部向前、树梢向后，排列整齐，装运2m以下的土球苗木可以立放，2m以上的应斜放，土球向前，苗木在整个装车、卸车、运输过程中，都应保证树木的根系、树冠、土球的完好，不应折断树枝，擦伤树皮，损伤根系。

苗木运到现场后，应马上种植，如不能及时种植，可临时将根部填土覆盖。也可在阴凉背风处进行假植，将苗木码放在宽1.5~2m、深0.4m的沟中，填土覆盖根部，适量浇水保持土壤温度，假植期间还需注意防治病虫害。

（5）种植

在已经确定的种植位置上挖植树坑，坑径大小应根据种植树木的规格和土质来确定，土质不好时坑径应适当加大1~2倍，一般坑径为树木根系或土球直径加20~30cm。坑壁应直上直下，否则易造成窝根或填土不实的现象。现场土质不好时应换填无杂质的砂质土壤，还可在坑底施用一些肥效高的基肥。

苗木种植前应对树冠、根系进行适当的修剪，以减少水分蒸腾，保证树姿良好，有利树木成活。修剪时应注意保持自然树形，一般不宜多剪，只剪去伤枝病枝即可，剪口要保持平滑。

苗木修剪后即可进行种植。裸根乔、灌木的种植方法一般为一人用手将树干扶直放入坑中，另一人将准备好的好土填入坑中，填入一半时用手将苗木提起，使根茎相接处与地面相平，这样树根不易卷曲窝根，然后将盘踏实，继续填入好土直到略高于地坪为止，并做好浇水用的土堰，种植带土球树木时，应注意使坑深与土球高度相符，以免来回搬动土球。填土前须将包扎物除去，填土后充分压实，但不宜损坏土球。

（6）种植后的养护

种植较大的乔木时，种植后应设支柱支撑，以防浇水后大风吹倒苗木。

养护的重要环节是树木种植后 24h 内，必须浇上第一遍水，而且水要浇透，使泥土充分吸收水分与树根部紧密结合，以利根部的发育。在我国北方气候较干燥的地区、种植后的 10d 以内应连续浇水 3～5 遍，在南方如果天晴无雨，也应在种植后的一星期内浇水 2～3 遍。

每棵树木浇水量的多少，如表 4-1 所示。

乔木及常绿树种浇水量参考表 表 4-1

乔木及常绿树胸径(cm)	灌木高度(m)	绿篱高度(m)	树堰直径(cm)	浇水量(kg)
	1.2～1.5	1～1.2	60	50
	1.5～1.8	1.2～1.5	70	75
3～5	1.8～2	1.5～2	80	100
5～7	2～2.5		90	200
7～10			100	250

在浇水渗入后，应及时中耕扶直歪斜树木并进行封堰。封堰时要用细土，如土中含有砖石、树根等要捡出，封堰时要使泥土略高于地面。在北方，如秋季种植，还应在树基周围堆成 30cm 高的土堆，以保持土壤水分和防止风吹动树木，使根系松动影响成活。

3. 草坪的种植与养护

在现代化的城市中，环境的美化越来越成为人们追求的目标。用绿色的草坪将裸露的黄土地面覆盖起来，既美化了环境又能达到良好绿化效果，使草坪的种植在小区绿化中越来越普遍。

草坪的种植方法一般有：播种、栽根茎和铺草块三种。具体采用哪种方法应根据小区绿化的具体情况决定。但无论采用哪种方法都应先进行场地平整，达到设计要求。如现场土质不好，含有过多的砖瓦灰碴等，应过筛或换土。换土时应将表层 30cm 的土层全部换出，换回砂质土壤。由于草坪生长需要消耗大量的水分，所以平整场地时应按设计要求铺设好喷灌系统。土地平整后可施入一些充分腐化的底肥，然后就可种植草坪了。

(1) 播种

利用种子繁殖，成本低，长成后的草坪生命力强，但易被杂草侵入，形成绿色草坪较慢，管理要求细致。播种前应做好发芽实验和处理。种子处理方法有冷水浸种和温汤浸种两种。冷水浸种是将种子浸入冷水中，用手将种皮外的蜡质揉搓干净，然后放入蒲包中或摊开放在荫凉处。待种芽萌动时即可播种。温汤浸种是将种子放入 40～50℃的温水中用木棍搅拌，待水凉后用清水冲洗捞出，晾干即可播种。对发芽较困难的结缕草种子，还可用 0.5% NaOH（火碱）溶液浸泡 24h，捞出后用清水冲洗干净晾干即可播种。

播种一般采用撒播，这种方法出苗均匀，形成绿色草坪较快。播前如土壤过干，应事先喷水，水渗入的深度应在 10cm 左右，水渗入后即可播种。为使播种均匀，播前在种子内掺入适量细砂土拌合均匀进行撒播，再用筛过后的砂土覆盖，覆土一薄层即可，最后用 400～500 斤重的石碾轻压。

播后应立即喷水，喷水时点要细，不要将种子冲出，如草籽露出应再覆土。为了防止水滴太大冲动草籽，可在喷水时铺盖草帘或席片，以遮挡水滴的冲力。第一次水不要太大，第二遍可加大水量。以后经常保持土壤湿润，大约 30～40 天即可形成草坪。

(2) 栽根茎

利用草的根、茎栽植，成本低、生命力较强，形成绿色草坪较快，管理也较觉简单，但易杂草侵入，需要一定数量的草源。

栽野牛草根茎有点栽和条栽两种方法。点栽均匀，形成草坪快，但较费工。是将草根埋入深 6~7cm、坑距 15~20cm 的种植坑中，覆土压实，碾压一遍后浇水。条栽是将草根每 2~3 条一束，埋入深 5~6cm、间距 20~25cm 的沟中，用碾压实后浇水。

(3) 铺草块

即带土移植草坪，形成绿色草坪块，成本高，须充足的草源，生命力不如前两种方法。

铺草块的种植时间为 5 月上旬到 9 月上旬，铺草前应先在现场按设计标高做好 10m×10m 的线绳方格网作为铺草高程标志，铺草时草块要挤紧靠严，块缝力求错开，缝间填入细土。铺草有薄厚时使上面标高一致，随铺随用木拍拍打，使草块与土壤密接。铺好后用碾子压实浇水即可。

4. 绿化的养护管理

物业环境绿化后的养护管理通常包括两个方面的内容：

(1) 绿化完成后，要达到长期满意的效果，必须及时进行养护工作。物业管理公司可根据物业区域内的绿化具体情况设置专门机构或专人进行养护工作。绿化养护是一项复杂的技术工作，养护人员应先进行业务培训，合格后方可上岗。

(2) 养护技术的实施

要保证良好的绿化效果，使花木生长旺盛，养护工作必须长期不间断地进行。

1) 浇水

不同品种的植物需水量不同，不同季节植物需水量不同，浇水时应根据具体情况掌握。一般杨柳类要多浇勤浇，松柏类则宜勤浇，新栽的小树也应适当的多浇一些，不同气候条件下浇水量也应适当调整，夏季温度高、蒸发快，应适当加大浇水量；入秋后阳光减弱，蒸发少时可适当少浇，阴雨天气、半荫环境可少浇或不浇。

一般树木种植后在每年 3、4、5、6、9、11 月各浇一次水，浇水时要一次浇透，切忌仅湿表土。乔木最少连续浇水 3~5 年、灌木 5 年，土质不好的应延长，树木长大后可逐年减少浇水次数，长成大树后可不浇水或一年只浇 1~2 次。

2) 施肥

植物长期在固定位置上生长，常年吸收该地地点周围的养分，如不及时补充，就会造成养分减少或枯竭，影响树木的正常生长，及时施肥就成了养护工作的一项重要内容。小区绿地中植物种类较多，施肥时应根据不同的植物品种、生长阶段选择不同的肥料和不同的用量。施肥时一般应把肥料埋于 10~40cm 深的土层中，以利于肥料渗入地下，减少肥料的流失量。

3) 整形修剪

整形修剪是保证树木形成良好树形，提高赏观效果的有效手段，也是养护工作的重要内容。基本方法主要是疏枝、短截、剥芽三种。

疏枝，就是将一部分生长过密的、无用的、生长不良的枝条剪除，以保证树木健壮生长，扩大树冠，形成美观的树姿。疏枝时要按照先大枝、后中枝、再小枝的顺序进行，全面考虑当前树形和长远骨架后再动手。剪口或锯口要紧贴母枝，以利于伤口愈合。保留的领导枝要直立健壮，主枝斜生角度和方向好，侧枝、小枝合理展开，树姿矮健。

短截，是将枝条从中间剪去一部分，以抑制它的生长，促进各主枝的平衡。短截时要注意剪口下芽的方向，一般外芽向外生枝，扩大树冠，所以剪口下芽要留饱满壮芽，以保证枝条生长。

剥芽，是对新发的嫩芽或嫩枝齐根疏去，以减少过多过密的无用幼枝，使养分集中供给主枝。实质上可以理解为疏枝的一种形式，对新植的幼树和短截修剪的幼树十分必要。

4）除草、松土

除草是将绿地中的杂草清除，保持绿地的整洁，减少杂草与树木争夺水肥养料，有利于树木的生长；同时，也清除了一些病虫的潜伏处，减少病虫害的发生机会。松土是把土壤表面松动，以增加土壤的透气性，达到保水、透气、增温的效果。

四、绿化植物病虫害的防治

植物在生长过程中都会遭到多种自然灾害的危害，其中病虫害的危害尤为普遍和严重，轻者使植株生长发育不良，从而降低观赏价值，影响园林景观；严重者引起品种退化，植株死亡，降低绿地的质量和绿化的功能。

病虫害防治，应贯彻"预防为主，综合防治"的基本原则。预防为主，就是根据病虫害发生规律，采取有效的措施，在病虫害发生前，予以有效的控制。综合防治，是充分利用抑制病虫害的多种因素，创造不利于病虫害发生和危害的条件，有机地采取各种必要的防治措施。

1. 病虫害防治应遵循以下几个原则：

(1) 提高花木本身抗病虫害的能力，使之免遭或减轻病虫害的危害；

(2) 创造有利于花木生长发育的良好环境，促进其茁壮生长；

(3) 要直接消灭病原物和害虫，减少或杜绝其传播途径。

2. 植物病虫害的防治措施

植物病虫害的防治措施，应从栽培技术措施、药物防治、物理防治、植物检疫等着手，具体措施如下：

(1) 因地制宜选用抗强的品种。不同的花木品种的抗病虫害的能力不同，在花木栽培中，选择抗病虫害能力强的品种，是防治病虫害的有效措施。

(2) 加强水肥管理，根据各种花木的生长情况和特性，调节花木的营养状况，促进其生长，增强抗病虫害的能力。

(3) 检疫、消毒。外地调入的花木，要通过有关部门检疫，定植时，植株要消毒，防止危险性病虫害的传播。

3. 病虫害的识别与防治

(1) 白粉病的识别 发生在叶片和嫩枝上，开始时叶片有白色小点，以叶正面为多，小点向四周扩展，形成圆形不规则的霉层，霉层互相连片覆盖全叶。发生旺季为3～8月。如管理不当，四季均会发生。

白粉病的防治：注意透光，避免栽植过密，早期病叶即可摘除。发病期可喷50%退菌特800～1000倍液，或0.1～0.3波美度石硫合剂，50%胶体硫50～100倍液，连续三次，均有较好效果。

(2) 黑斑病的识别：叶片被害初期，出现褐色小点，后扩展为圆形、椭圆形或不规则形病斑，直径 5～10mm，深褐色至黑色，严重时病斑可互相连接成大斑，叶片变黑，脱落或枯死，四季均有发生。

黑斑病的防治：加强管理，施肥时注意氮、磷、钾适当搭配，使植株健壮发育，防止植株徒长。注意栽培品种的选育，对染病的、经济价值和观赏价值都较低的品种，应考虑淘汰。栽培处要通风透气，光照充足，浇水适当，避免过湿。定期喷药保护，喷药前摘除病叶，雨后还有要用清水喷洗下层叶背泥土。药剂可选用 75％百菌清可湿粉剂 500～800 倍液，50％托布津可湿粉 800～1000 倍喷液，50％代森胺 600～800 倍液，每隔 7～10 天喷一次，连续几次，效果较好。

(3) 青枯病的识别：本病是因细菌侵染植株根、茎引起的维管病害。幼苗感染后，植株根茎变褐腐烂，以致倒伏，生长盛期植株感染后，通常地上部分叶片突然失水干枯下垂，根部就腐烂，最后整株枯死，用刀横切茎或根，可见乳白色或黄褐色的细菌黏液溢出。

青枯病的防治：发病期可喷 0.2％高锰酸钾溶液或者农用链霉素、土霉素，并适当增施钾肥，用 $10×10^{-6}$ 的硼酸液进行外追肥，可提高病株的抗病力。

(4) 蚜虫的识别：蚜虫属同翅目，蚜科昆虫，分布广，种类也很多，为花木的主要害虫，该虫以其刺吸式口器吮吸植物体的汁液，植株被害部分生长缓慢，叶片卷曲、畸形，严重者脱落，花蕾被害则不能正常发育，甚至脱落。该虫在为害过程中还能传播病毒，排泄大量蜜露，诱发煤烟病，使植株枝、叶呈现一污黑覆盖物，影响光合作用，并大大降低植株的观赏价值。4 月下旬至 5 月中旬、9 月中旬至 10 月下旬为蚜虫的发生盛期，为害最大，大量成虫密集在嫩梢、花蕾和叶背为害，对植株造成大量损失。

蚜虫的防治：清洁绿化地及花圃园地，除杂草，减少蚜虫栖身场所以消灭越冬虫源，秋末喷射 40％乐果 300 倍液以做保护。当蚜虫发生时，每隔 7～10 天喷药一次，连续进行两三次，可选用 40％氧化乐果，或 40％乐果 2000 倍液，或者 50％杀螟松 1000 倍液，8％敌敌畏 1000 倍液喷杀。如盆花则可在根部埋上 3％呋喃丹粒剂 5 克，深度为 2cm 左右，也有良好防治效果。

(5) 蚧壳虫的识别：蚧壳虫种类多，分布广，属同翅目昆虫，此虫以刺吸式口器在主植物上取液，使叶片出现许多黄斑，长势衰弱，严重时引起落叶。

蚧壳虫的防治：在一龄若虫期喷射 40％氧化乐果、25％亚胺硫磷 1000～2000 倍液，如盆栽也可埋呋喃丹。对生长过密，虫害严重的枝叶适当修剪，以利于通风透光，减少病虫来源，增强植株的抗害能力。

(6) 螨虫的识别：属蜘蛛纲螨目，种类甚多，分布广，繁殖迅速，为害很大，多在叶片反面出现，致使叶片反面产生油渍状的紫褐色斑块，叶片无光泽，严重时叶片萎黄、脱落，树势衰退。螨类的孳生和猖獗为害很大，主要受温度和降雨量少的影响，气温 24～30℃，天气闷热的情况下，为其发生、发育的适宜条件，多雨潮湿的环境不利于其发生和发展。冬季严寒可使越冬雌虫大量死亡，虫口基数减少。若冬季和早春温暖、干旱，则越冬基数增大，在适宜条件下，翌年会孳生猖獗为害。

螨虫的防治：越冬期间清除易被为害花卉周围的杂草，并及时堆放沤腐，或者喷药，以压低越冬虫源。药剂防治可用 50％敌敌畏 1000 倍液，或用 20％适满丹可湿粉剂 1000

倍液等喷杀。

4. 物理防治

(1) 简单的防治方法：清除病的枝叶，病株集中烧毁；人工捕杀与清除某些害虫的幼虫和卵块；热处理土壤、种子；用黑光灯及电灭虫器诱杀害虫。

(2) 科技防治：应用超声波和放射性因素进行防治，效果良好。

5. 药物防治

科学用药是提高防治效果的重要保证。

(1) 对症下药　根据防治的对象、药剂性能和使用方法，对症下药，进行有效的防治。

(2) 适时施药　注意观察和掌握病虫害的规律适时施药，以取得良好的防治效果。

(3) 交替用药　长期使用单一药剂，容易引起病原和害虫的抗药性，从而降低防治的效果，因而各种类型的药要交替使用。

(4) 安全用药　严格掌握各种药剂的使用浓度，控制用药量，防止产生药害。

6. 管理

(1) 涂白　冬季用石灰水加盐或加石硫合剂涂白树干，消灭在树皮内越冬的害虫与防止爬虫上树产卵。

(2) 立支柱　风较大的地方或台风发生频繁的地区，要立支柱，防止风吹斜、吹倒树木。

(3) 围护　临街临路的树木要适当加以围护，防止树木被撞伤、撞倒。

(4) 禁止在树干上打钉拴绳拴铁丝晾晒衣服被褥，晒物过重会压弯、压伤树木。禁止用铁丝紧箍树干，以免影响树木的生长。

(5) 加强宣传教育和派人巡视，防止人为的毁坏。在树干上刻字，剥树皮入药，砍干折枝，攀树摘花等现象时有发生；人贪走近路，横跨绿化带，久之造成缺株缺口，绿化带断缺，影响景观和失去防范功能。

(6) 洗尘　人与车辆流动多，尘土飞扬，树冠污染，影响树木生长和美化效果，应经常用水喷洗树冠。

复习思考题

一、名词与术语

绿化　环境绿化系统　绿化率　绿化覆盖率　建筑小品

二、思考题

1. 物业环境绿化的功能有哪些？
2. 环境绿化系统由哪些内容组成？
3. 居住区中常见的植物搭配结构有哪几种类型？各有什么特点？
4. 物业环境绿化中常采用哪些配植方法？观察学校的植物配植有哪些特点？
5. 对于物业的环境绿化的日常养护可从哪些方面进行？绿化养护人员有哪些职责？
6. 建筑小品由哪些内容构成？各有何作用？
7. 常见的植物病虫害有哪些？怎样进行防治？

第五章 物业安全管理

安全工作是物业管理的又一重要方面。人们常说"安全第一",说明安全工作具有第一位的意义,只有物业的安全有了确切的保证,业主和使用者才能放心地生活和工作。

物业安全管理包括"防"和"保"两个方面,"防"是预防灾害性、伤害性事故发生;"保"是通过保险对万一事故发生后的善后处理。"防"是防灾,"保"是减灾。两者相辅相成,缺一不可。因此,物业安全管理的具体工作应该包括治安管理、消防管理、车辆管理和保险服务。物业安全管理可以委托专业公司管理,也可以由物业管理公司组织专门队伍来实施安全管理业务。但无论由何者完成管理工作,都须在物业建设方案设计之初,就考虑物业安全方面的专门要求,安全专家必须与物业管理人员共同参与物业设计方案的拟订,可避免在方案建设完成之后进行不必要的更改,因此,在制订物业设计方案时,安全要求的纳入是重要的。物业管理公司应制订详细的安全管理章程并公之于众,做到有章可循,有章必循,执章必严,违章必究。

第一节 物业治安管理

物业治安管理是物业管理公司为防盗、防破坏、防流氓活动、防意外灾害事故等而对所管理物业开展的一系列管理活动。治安管理防治的对象主要是人为造成的事故与损失。其目的是避免所管物业区域内财物受损失,人身受伤害,维护正常的工作、生活秩序。治安管理在整个物业管理中占有举足轻重的地位,它是业主和使用人安居乐业的保证,也是整个社区及社会安定的基础,同时良好的治安管理能增加物业管理公司的企业信誉。

治安管理主要包括安全保卫和维持正常工作生活秩序两个部分。一般采取"群防群治"、"综合治理"的原则,还要与公安机关管理相结合,只有这样才能有效地制止违法乱纪的现象。

一、治安管理工作概述

治安工作分安全保卫和正常的生活、工作秩序的维持两部分,其主要工作包括:

1. 建立健全物业安全保卫组织机构

物业管理企业应设立保安部来具体负责落实所管区域内的治安保卫工作。

2. 制定和完善各项治安保卫岗位责任制

3. 保安员的配备及其培训

根据治安区域大小和当地社会治安情况配备相应数量的保安员,实行 24 小时值班制度。定期对保安员进行职业道德教育与业务培训。培训内容包括心理学、法律、职业道德教育、文明礼貌用语、物业管理的各项规章制度、队列训练、擒拿格斗、治安保卫常识、消防基本知识等。培训后，应经考核方能上岗。

4. 建立正常的巡视制度

建立正常的巡视制度，并明确重点保卫目标，做到点、面结合。该项工作分为3个方面：门卫、守护和巡逻。

1）门卫：封闭式住宅小区和商贸楼宇的进出口应设置门卫，并实行24小时值班制。

2）守护：是指对特定或重要目标实行实地看护和守卫，如一些重点单位，商场、银行、证券所、消防与闭路电视监控中心、电机房、总配电室、地下车库等。安排守护人员时，应根据守护目标的范围、特点及周围环境，确定适当数量的哨位。

3）巡逻：指在一定区域内有计划地巡回观察，以确保该区域的安全。一是发现和排除各种安全因素，如门窗是否关好、车辆是否按要求停放、各种设施设备故障和灾害隐患、值班、守护不到位或不认真等；二是及时处置各种违法犯罪行为。巡逻路线一般可分为往返式、交叉式、循环式3种，但无论采用何种方式都不宜固定，上述3种方式也可交叉使用。在巡逻时要特别注意重点部位的巡察。

5. 加强区域内车辆的安全管理

6. 完善区域内安全防范设施

除了人力外，治安管理还应注重技术设施，物业管理企业可根据财力与管理区域的实际情况配备必要的安全防范设施。

7. 联系区内群众，搞好群防群治

社会治安是一项系统工程，要充分发动群众，增强广大住（用）户的自我安全防范意识和遵纪守法意识，调动社会各部门的积极性，配合物业管理企业共同搞好社会治安的综合管理。

8. 在当地公安派出所的指导下搞好治安管理

根据我国"治安管理条例"，社会治安工作由公安机关统一负责管理。物业管理企业应与当地公安部门建立良好的工作关系，接受指导，争取配合，这对搞好治安管理工作具有重要意义。

9. 与周边单位建立联防联保制度

治安案件的发生，有时并不局限于物业管理企业所管范围，因此，需要与相邻单位或相邻物业管理企业建立联防制度，密切配合，共同搞好治安工作。

10. 为保安员配备必要的保安器具，办理人身保险

保安工作具有一定的危险性，因此要为保安人员配备必要的警械器具和通讯设备，并为保安人员办理人身保险，解除意外事故带来的一系列问题的烦扰。

二、物业治安管理机构设置

物业治安管理可由物业管理公司聘用社会上专业保安公司具体实施，物业管理公司也可自己组建保安部来实施治安管理。物业管理公司保安部的班组设置与其所管物业的类型及规模有关。

物业管理公司保安部下应设置相应的班组，一般包括：电视监视班、消防班、大厦保安班、门卫班、车库保安班、安全巡逻班。

三、保安设施与装置

1. 保安设施

指物业区域内为保安服务的公共设施。例如住宅小区四周修建的围墙或护栏、大厦中的紧急情况下的通道等。

2. 保安装置

随着科学技术的发展许多先进的保安装置问世，现已陆续应用于物业管理的保安服务中。

（1）报警装置

可以用于防盗、防火，在发现有人行窃时可以立即报警，通知保安人员捕捉。或在发生意外事故时报警，通知有关人员采取措施及时制止灾情，并可使事故现场的人员及时撤离。现在报警器有许多种，如：红外线报警器、自动报警器、玻璃门窗报警器以及安全撤离系统等。

（2）门户密码开启装置

1）密码钥匙　这是一种特殊的装置，它不仅是靠钥匙的形状不同打开锁，而主要是靠密码的差异来区分每把钥匙所能打开的锁。而且这种锁还有记忆功能，它能记录下来开锁的时间和持有钥匙的人。

2）安全卡　安全卡实际上也是一种钥匙，它的作用与上述钥匙相同，但它是一种磁卡，更难仿造。

3）远距离控制门锁　它适用于高层或多层住宅，有客人来访时，他可以接通拟拜访的住户。当住户与来访者通过对讲装置或电视监视确认时才可以放行，住户在自己家内即可打开楼门让来访者进入。

（3）闭路电视监视器

主要入口处、电梯内、贵重物品存放处及易发生事故的区域或重点部位安装闭路电视监视器，发现异常及时采取措施。

四、治安管理的基本制度

治安管理工作，主要是通过落实各项治安管理制度来实现的。物业管理公司应根据各自的实际情况制定各项治安管理制度与规定。这些制度与规定包括两大部分：

1. 保安部内部制度

包括各级保安人员的岗位责任制，如"保安员值班岗位责任制"等；工作制度，如"门岗值班制度"、"保安员交接班制度"等；管理制度，如"保安员培训制度"、"保安员奖惩制度"等，以及有关规定，如保安员器械使用管理规定等。通过这些制度，明确各级保安人员的职责与权力，规范其行为。

2. 住（用）户应遵守的规定

指针对住（用）户的保安管理的各项规定，如"治安保卫管理规定"、"防火管理规定"等。通过这些规定，约束住（用）户的日常行为，减少这类事故的隐患，共同搞好治安防范工作。

五、治安管理中常见问题的处理

保安人员在治安管理过程中经常会碰到各种各样的问题需要处置，保安员既要坚持原则，依法处理，又要有一定的灵活性，不让事态和矛盾扩大。以下是在治安管理中常见问题的处置方法：

1. 业主或住用人发生刑事案件时处置方法

首先，要迅速向公安机关或保卫部门报案；其次，注意保护现场，禁止无关人员入内，以免破坏遗留痕迹和物证；再次，抓紧时机向发现人和周围群众了解情况并认真记录；最后，向到达现场的公安人员认真汇报案件发生情况，协助破案。

2. 遇到犯罪分子偷盗或抢劫时处置方法

（1）保持镇静，设法制服罪犯，发出信号，召集附近保安员或群众支援；

（2）对逃跑的罪犯，要看清人数、衣着、面貌、身体特征，所用交通工具及特征，及时报告公安部门和保卫部门；

（3）有固定现场的，要保护好现场，没有固定现场的，保存好犯罪分子遗留的物品，特别是作案工具，要避免破坏指纹痕迹。

3. 执勤中发现客户斗殴处置办法

（1）立即劝阻斗殴双方离开现场，如能确认属违反治安管理规定或犯罪行为，应及时报告公安机关或将行为人扭送公安机关处理；

（2）提高警惕，防止坏人利用混乱之机，进行破坏活动或偷窃活动；

（3）说服、劝阻围观群众离开，确保保安区域的正常秩序。

4. 对醉酒滋事或精神病人闯入目标的处置办法

（1）进行劝阻或阻拦，让其离开保安目标区域；

（2）及时通知醉酒者和精神病人的家属或工作单位，由他们领回，或采取控制和监护措施。如有危害保安目标或危害社会安全的行为时，可将其强制送到有关部门处理。

5. 发现有人触电的处置方法

发现有人触电应马上赶到现场，关闭电源，在未关掉电源之前切不可用人体接触触电人，以防自己触电，要用绝缘的东西把线头或人拉开，立即进行人工急救，并电告医院马上派医生抢救或送医院急救。

6. 停电或电梯发生故障、电梯关人的处置办法

遇电梯发生故障或停电、电梯关人，应首先通知电梯维修人员前来处理。电梯关人应依下列步骤先行释放电梯内乘客：

（1）在行动中要注意自己的安全；

（2）应先将电梯机房总电源切除；

（3）用专用厅钥匙小心开启厅门，用力开启电梯轿厢门，通知厢内乘客保持镇定，身体各部位不可探出轿厢，以免发生危险，同时查看轿厢地台与楼面高低相差情况，在确保安全的情况下可放行乘客。

7. 遇到不执行规定，不听劝阻的人处置办法

对不执行有关管理规定者，要立即规劝。对不听劝阻者，查清姓名单位，如实记录并向保卫部门汇报。发生纠纷时，要沉着冷静，以理服人，对蛮横无理者或故意扰乱者，视情节报告公安机关依法处理。

六、物业安全危机处理预案

物业安全危机主要是指由于自然界或社会中的破坏性力量引发的非常规的、可能使物业安全受到极大威胁的事件，如火警、台风、水灾、暴乱等紧急事故。在物业管理中，紧急事故可能随时发生，我们必须为处理这些情况做好准备工作，以尽量减低业主、用户和物业管理公司的人员和财产可能受到伤害和损失的程度。这些准备工作就形成了物业管理

中的安全危机处理预案。只有制订和贯彻执行了这些预案，物业管理公司才能拯救生命、保护业主的投资和用户的利益，并能扩展管理公司可以提供的服务范围。

现在就以高层楼宇为例，阐述物业安全危机处理预案的管理原则。

1. 一般原则

（1）在物业管理手册中向全体业主和用户告知有关的紧急电话号码，如公安局、物业所在地派出所、巡警支队的报警电话，消防局、紧急医疗救护中心的值班电话，以及物业管理部、消防控制中心、保安部的值班电话等。使得每一位遭遇危机的业主和用户都能够立即与有关组织和部门取得联系。

（2）利用电话联络时，报案人必须提供以下所有资料：

1）报案人姓名、所在公司、部门；

2）紧急事故的位置：包括大厦的名称与地址、单位编号、楼层数；

3）有人受伤与否；

4）紧急事故和种类；

5）待对方确定了上述资料后，才能挂断电话。

（3）定期检查单位内存放的物品，及时移走任何可能引起、促成火灾或其他可能危害物业安全的物件，如旧布、报纸、易燃易爆物品都不能放在单位。

（4）当紧急事故造成意外或有人需要紧急医疗时：

1）尝试尽可能获取有关此次损伤的全部资料；

2）使伤者处于温暖和舒服的状况，并加以陪伴；

3）拨打紧急医疗服务电话，请求援救；

4）在任何情况下，保持镇静。

（5）除大厦高层举行火警演习外，在本物业范围内发生火警或其他紧急事故时，所有人都应该完全撤离大厦，任何业主和用户不能例外。在这期间，用户的贵重物品自行负责，最后离开的人须负责锁上本单位所有进出口的门。

在开启由本单位通往走廊的大门前，要先弄清楚是否烫手，如发现该门是热的，须慢慢开启。如果情况允许，应前往预先指定的楼梯然后按撤离程序逃生。如果因浓烟的关系不能通往楼梯，则应先关门，放一条毛巾在门底的缝间，打开窗户保持空气流通，在窗外挂一块布，让消防员得知你仍在单位内，保持镇定等待救援。

2. 自然力破坏处理预案

（1）火警

1）发现　加强巡查，及时发现火警。

2）通知　致电消防局或本物业管理部并通知附近人员起动"报警"按钮，也可到消防电梯旁用直通电话向消防控制中心直接报警。

3）控制　紧闭所有门。

4）逃生　使用最安全的途径前往最近的消防楼梯，离开火警现场，也可以到首层出口，中间各避难层，或直升飞机停机坪逃生。

物业管理公司必须在平时通过资料宣传，消防演习等方式让用户熟悉本物业内的自动灭火洒水装置、灭火器、疏散楼梯、警报系统的位置、使用方法，以及本地消防局的电话号码，并按以下步骤行事：

a. 如果是轻微失火（如废纸屑、烟灰盅等），在确保没有危险的情况下，发现人尽可能自行把火扑灭。

b. 如果人身安全已经受到威胁，而火势也不能立即得到有效控制时，应该把通往失火现场的门关闭，以隔离及控制火势。

c. 拨打119通知消防局，并告知本物业的名称、具体位置、火警蔓延的范围及本人的电话号码。

d. 电话通知本物业的中心管理部。

e. 按照每一楼监督人员和物业管理人员的批示，尽可能通知所有用户。

f. 如果被火焰或高热所围困：

有可能的话，致电消防局、物业消防控制中心求助；

自动报警信号，把门关闭，与火热的源头隔离；

由于烟和热空气都是向上升的，接近地面的空气较为清洁温度也较低。所在求生人员应蹲着身子或爬行逃生；如有需要，打破窗户以求空气流通。

g. 所有升降机必须停止操作。

h. 所有逃离火场的人必须在物业外的空旷地方聚集。

i. 身处火场以上各层的人员，应继续向天台方向逃生，如身处火场以下层数，则应向下走，前往最邻近的出口逃生。

j. 发生火警时．护卫员会协助管理人员、消防员和警方，阻止公众人士进入物业范围，在管理人员或消防局没有宣布本物业为安全以前，任何人不得进入。

（2）水浸

1）在水浸到来之际，切断电器用具的电源，并提防仍在通电的电线。

2）把有可能受损的贵重物品移往高处。

3）水浸之后，及时检查财物以鉴定损失；委派及监督负责清洁的员工逐渐抽出积水，以减少楼宇的结构受到更大的损害；清除大厦内、家具及其他地方积水，避免破坏环境卫生。

4）做好提防抢掠的措施，加强保安，防止盗贼进入大厦。

（3）地震

当发生地震时，尚在物业范围内的员工应该：

1）保持镇定，切不可以随意离开大厦。

2）躲在桌子或坚固的钢筋结构下寻求掩护，不可以躲在楼梯井下。

3）远离窗户、玻璃隔板、架或悬挂物品。

4）不可以使用电梯逃生，如发生地震时正处于升降装置中，一有机会立即离开。

5）准备应付接着发生的更多次的余震。

6）与物业管理部保持联系，不可散布谣言或夸大事实。

（4）台风

1）当来临一号强风讯号时，物业管理人员保持正常工作状态，用户应确保没有任何门、窗或其他物品对市民造成伤害或构成危险。当来临三号强风讯号时，物业管理的保安人员要更加仔细地检查高层物业各处，特别是屋顶及所有窗户，确保所有排水管道没有淤塞。

2）当来临八号强风讯号时，所有门窗都应该紧闭。

3）管理部总经理在获悉台风正在威胁物业所在区域时，要立即进驻物业，亲自指挥有关行动。

4）当八号强讯号已经来临，管理部所有员工都必须留在大厦值班，直至总经理发出可以离开的指令。

5）在台风吹袭之前和吹袭之际，保安人员要在各方面协助管理人员做好防风工作，各用户也应积极予以配合，并听从管理部统一指挥。

3. 社会力破坏处理预案

（1）罪案

一个现代化的高层商住楼宇，由于各种公众关系相互交织，上班期间人群来往较多且复杂，所以偷窃、诈骗、伪造商业票据以及其他的不法行为，甚至抢劫或更严重的罪案，都有可能在这里发生。所以：

1）如遭遇偷窃或经常性盗窃，遇到抢劫、骚扰、袭击或其他严重罪案，要立即拨打110或其他物业管理部指明的报警电话。

2）所有案件都必须向物业管理部报告，并把已采取的行动告知保安人员。

3）业主切记向所有已经离职的员工取回钥匙，更换门锁。

4）遇到任何不寻常的事情，都应该及时通知警力和物业管理部。

5）停车场内常会发生恶意毁坏及其他罪案，任何业主、用户、员工遇到可疑的人物或弃置车辆，要及时通知管理部。

（2）示威与暴乱

如果出现游行队伍骚动，或者在大厦附近示威、暴乱，要锁上大厦进出门，关闭窗户，工作人员远离门窗附近，业主和用户有权自行决定是否离开大厦。与此同时，由物业管理部立即与警方取得联系。

（3）炸弹恐吓

大厦内任何员工如果接到炸弹恐吓，都要采取以下措施：

1）从对方口中得到以下资料：炸弹装置的确定位置、拟定的爆炸时间、炸弹装置的描述、此次行动的原因、对方原来所用的字词。

2）记录接到电话、挂断电话的时间，描述对方声音（男、女、镇定、惊慌、年龄、口音、背景音等等）。

3）立即通知大厦的物业管理部，并致电警方和消防局，并对所得资料尽量保密。

4）检查自己周围是否有可疑物品。

5）根据地方当局的指示行事。

没有任何物业可以完全避免天灾人祸，但是仔细制订紧急事件处理预案可以最大限度地减少生命财产的损失。通过与社会上有关专家、用户、主管部门、管理人员的合作，物业管理公司就能发展出一套预防和应付灾难的计划，这些人员在一起组成一支紧急事件管理队伍以后，就能切实执行这些危机预案。

只有一个精心设计的预案，一群经过训练的人员，再加上业主和用户的合作，当发生紧急事故时，物业管理公司才能以有条不紊的应付方法代替恐慌。就是遇到从未预计和准备的紧急情况，也可以有一套基本的程序可以协助管理人员做出处理决定。

第二节 物业消防管理

消防管理在物业管理中占有头等重要的地位。物业管理中最常见的意外事故是火灾,给住用人的生命财产带来最大危害的也是火灾。搞好消防工作是物业安全使用和社会安定的重要保证。

消防工作要贯彻"预防为主,防消结合"的原则,将物业管理企业与业主之间的消防管理结合起来,组成以物业管理公司为主业主住户为辅的消防网络;通过定期消防警戒通知等宣传形式来提高和强化业主和住户的消防意识,使消防宣传与消防管理相结合,制订各项消防管理制度和措施并将其落实到实处;让物业管理公司的所有员工都成为义务消防员,做好消防日常管理、消防设备管理、消防演习和防火知识宣传及火警应急措施等工作。

消防工作包括防火和灭火两个方面。灭火是在起火后采取措施进行扑救;防火是把工作做到前头防患于未然。《中华人民共和国消防条例》明确指出,中国消防工作的方针是"预防为主,防消结合"。江泽民同志"隐患险于明火,防患重于救灾,责任重于泰山"的指示已成为我国消防工作的指导性纲领。即物业的消防工作应立足于火灾的预防上,并从人力、物力、技术等多方面做好随时灭火的充分准备。

消防管理的主要内容有:消防宣传教育、消防队伍建设、消防制度制定、消防设施和器材的配置与管理、紧急情况下的疏散5个方面,其核心是三落实,即"队伍落实、制度落实、器材落实"。

一、消防宣传教育

火灾发生的原因固然很多,但都与人的消防意识、对消防工作的重视程度和社会责任感有关。因此,消防管理中的首要任务就是向全体物业管理人员和所有住用人,特别是儿童搞好消防宣传教育。

1. 消防宣传教育的内容

消防宣传教育的内容为增强消防意识、普及消防知识两方面。

首先,通过对消防法规的宣传,增强每个人的消防意识和社会责任感,不仅使物业管理人员而且使每个住用人都能做到"消防意识,警钟长鸣,消防工作,常抓不懈"。

其次,普及消防知识。包括各种防火知识、灭火知识和紧急情况下的疏散与救护知识。如明火使用要求,电气设备安全使用规定,各类灭火器材的正确使用,火灾初起时如何报警,火灾中怎样有秩序的疏散与自救互救等。

2. 消防宣传教育的形式

防宣传教育的形式多种多样,主要有:

(1) 消防轮训

普通物业要对全体管理人员进行消防常识的培训和必要的防火、灭火和疏散的训练。高层楼宇还要对所有的住用人进行培训。

(2) 在楼宇内外利用板报等形式进行宣传,在适当位置张贴标语,如"注意防火"、"严禁烟火"等。

(3) 住用人入住时发放消防须知,在重大节日(如春节或干燥季节)给住用人写信,提醒注意预防火灾。

二、建立高素质的专群结合的消防队伍

消防队伍的建立是消防工作的组织保证，物业管理公司应下力建设一支高素质的专群结合的消防队伍，组成以物业管理企业为主、住用人为辅的消防管理网络。

1. 专职消防管理人员

物业管理企业应根据所管物业的类型、档次、数量、设立相应的专职队消防管理人员，负责消防工作的管理、指导、检查、监督与落实。

其主要任务是进行消防值班、消防检查、消防培训、消防器材的管理与保养和协助公安消防队的灭火工作。

2. 义务消防队

义务消防队是群众性的基层消防组织，是我国消防力量中的一个重要组成部分，由在职职工和街道居民组成。物业管理公司可在企业内部其他部门人员中和住用人中选定义务消防员，并在此基础上成立义务消防队。对于商贸楼宇其人数一般不少于总人数的10%。义务消防队的主要工作是预防工作。

3. 消防训练

无论专职消防队还是义务消防队，都要定期进行消防训练，并模拟火灾事故现场进行灭火、抢救伤员及财产的训练演习。

三、制定消防规章制度

物业管理企业应根据所管物业的环境和条件，制定完善的消防制度和防火规定，来约束和规范管理人员和住用人的日常行为，以避免火灾事故的发生。

1. 消防制度

（1）岗位责任制制度

根据消防工作"谁主管，谁负责"的原则，建立各级领导负责的逐级消防岗位责任制，上至企业经理，下至消防员，都对消防负有一定的责任。

（2）消防值班制度

这是消防值班员的工作制度，包括工作职责与要求，交接班制度，定时巡视，发现火灾隐患的处理程序，消防设备、设施的定期检查与保养制度等。

（3）消防档案管理制度

建立消防档案，对火灾隐患、消防设备状况（位置、功能、状态等）、重点消防部位等都要记录在案，以便随时查阅。

2. 防火规定

防火规定指从预防的角度出发，对易引起火灾的各种行为做出规定，以杜绝火灾隐患。主要有：消防设施设备的使用、维护、管理规定；公共通道、楼梯、出口等部位的管理规定；房屋修缮和装修中明火使用规定；电气设备安全使用规定；易燃、易爆物品的安全存放、贮运规定等。

四、消防设施、器材的配备与管理

1. 消防设施、器材的配备

消防设施、器材是灭火工作的物质基础，一般包括：

（1）灭火器

灭火器是一种比较方便、容易操作的灭火器材。灭火初起时，完全有可能用灭火器控制火势，因此楼宇内外都要安放一些。常用的灭火器主要有两种，即泡沫灭火器和干粉灭火器，可根据情况选用。

(2) 消防栓

高层楼宇和商贸楼宇在设计建造时一般都在关键部位安置消防栓和水龙带、水枪，遇有险情及时扑救。

(3) 自动喷水灭火系统

自动喷水灭火系统是按照适当的间距和高度装置一定数量喷头的供水灭火系统，它主要由喷头、阀门报警控制装置和管道附件等组成，具有安全可靠、控制灭火成功率高；结构简单、维修养护方便；使用时间长，一般可保持几十年完好无损；灭火成本低，且对环境无污染；可用电子计算机进行监控，便于集中管理和分区管理，自动化程度高；适用范围宽等优点。目前，一些高档公寓、别墅、酒店以及商贸楼宇都已安装了这种装置。

(4) 火灾自动报警系统

火灾自动报警系统是用于探测初期火灾并发出报警，以便采取相应措施，如：疏散人员、呼叫消防队、启动灭火系统、操作防火门、防火卷帘、防烟排烟机等系统，自动报警系统有3种基本形式：

1) 区域报警系统

由火灾探测器、手动火灾报警按钮及区域火报警控制器组成，适用于小范围的保护。

2) 集中报警系统

由火灾探测器、手动火灾报警按钮、区域火灾报警控制器和集中火灾报警控制器组成，适用于较大范围内多个区域的保护。

3) 控制中心报警系统

由火灾探测器，手动火灾报警按钮，区域火灾报警控制器和消防控制设备等组成，适用于大型建筑的保护，系统容量大，能完成较复杂的输出控制程序，消防设施控制功能较全。

2. 消防设施、器材管理

消防设施、器材最大的特点是平时不使用，只有在发生火险时才使用，必须确保其随时处于完好状态，随时可以启用。为此，政府部门和物业管理企业都必须强化对消防设施、器材的管理。政府管理部门通过制定严格的消防法规，制定了消防合格证制度。对新建房屋，必须经常对消防设施、设备检查，符合消防要求和安全规定后，颁发消防合格证。任何建筑，只有取得消防合格证后，才可投入使用。与此同时，建立消防工作的检查监督制度，在重大节假日、火灾易发季节及每年都要进行消防工作检查，重点是查制度落实，查设施完好，查火灾隐患。

物业管理企业则主要负责消防设施、器材的日常管理、保养和维修。通过专人定期的巡视、检查、保养和发现问题的及时维修，确保各类消防设施、器材随时处于完好状态。消防设施的维修需要专门的技术，特别是一些关键设备，应聘请持有合格消防牌照的专业公司进行。

五、高层建筑消防管理

1. 高层建筑消防的特点

(1) 耐火极限低

出于减轻建筑物自重的考虑，对其燃烧性能和耐火极限不能定得过高。加上现代高层建筑内的装饰材料、家具等很多是高分子材料，这也增加了火灾的危险性。

(2) 火险因素多

高层建筑内火源、电源多，电气线路纵横交错，电气设备多，因而引起火灾的可能性也多。

(3) 火势蔓延快

高层建筑物内有许多通道、竖向井，发生火灾时这些都成为火势蔓延的良好途径。另外，越是在建筑物的高处，风速越大，这也是加速火势蔓延的一个因素。

(4) 疏散困难

高层建筑平时常集中很多的人员，层数多，疏散距离长；发生火灾时普通电梯电源被切断，这些都增加了疏散的困难。

(5) 扑救难度大

高层建筑高达几十米，甚至超过一二百米，一般的地面消防车和登高消防车的能力，都难以满足扑救高层建筑火灾的供水需要和登高疏散抢险的要求。

因此，消防管理对于高层建筑有更重要的意义，要有特殊的安全措施。

2. 高层建筑消防管理的主要措施

(1) 防火分隔

消防部门要对高层建筑进行内部分区，设置防火和防烟区域；对电梯井、管道等也要分隔。

(2) 做好安全疏散的准备工作

要经常检查楼房公共通道，不要把闲杂物品堆放在楼道内；检查消防供水系统，保证消防用水输送到必要的高度。

(3) 设置自动报警设施

物业管理消防部门要在楼房适宜部位安装固定灭火装置。

(4) 设置火灾事故照明和疏散标志

在高层建筑的楼梯间、走道、人员集中场所和发生火灾时必须坚持工作的地方（如配电房，消防控制室等）有事故照明，在人员疏散的走道、楼梯等处设有灯光显示的疏散标志。疏散标志的电源应用蓄电池，其他事故照明也可使用城市电网供电。

六、紧急情况下的疏散

当火灾或其他意外事故（如爆炸）一旦发生，而又无法制止或控制险情，处于紧急情况时，就应立即报警、切断火源或事故源，并积极组织人员疏散。尤其是高层住宅和商贸楼宇，疏散路线长，人员分散，组织疏散困难。一般做法是：先及时切断火源；然后利用楼宇内的分割装置，如商场内的防火卷帘等将事故现场隔断，阻止灾情扩大；组织人员通过紧急通道、疏散楼梯等迅速撤离。紧急情况下的疏散关键是组织工作，平时应进行一定的训练，以便有备无患。

在确保人员安全的情况下，为避免险情扩大，应尽量将危险品转移至安全处，然后可将贵重财产运送至安全地带。

第三节 物业车辆道路管理

随着经济的发展,人们生活水平的提高,车辆逐年在增加。由于多方面的原因,如建设时期过少考虑停车设施,以及疏于管理等,造成车辆乱停乱放现象严重,车辆及附件被盗案件屡屡发生,由车辆带来的车祸也屡见不鲜。这既破坏了良好整洁的物业环境,给人们的生产生活带来不便,也给人们的生命和财产安全造成一定的威胁。因此,搞好车辆的管理工作,便是物业管理公司不容忽视的大事。

根据目前车辆管理中存在的问题,物业管理公司要搞好所管物业区域内的车辆管理,一是搞好停车场(库)的建设;二是建立健全的管理制度。

一、车辆道路管理的重要性

车辆是人流、物流的载体,道路是人流、物流流动的通道。物业区域相对独立于外部环境,车辆、道路是对外联系的主要载体与通道,在物业区域中有着特殊的重要性。车辆、道路管理的目的是为了建立良好的交通秩序、车辆停放秩序,确保业主的车辆不受损坏和失窃。其作用主要表现在以下3个方面:

1. 是人、物保持顺畅、快捷的对外联系的保障

无论是居住型物业、商业型物业、办公型物业还是工业型物业,总是人员、物资相对集中的地方,物业本身功能的发挥很大程度上取决于顺畅、快捷的对外联系。这种对外联系主要表现为辐射和吸收两个方面:辐射,就是人、物的对外输出;吸收则是人、物的对内输入。这两方面往往同时进行。车辆道路管理就是理顺这两方面及其内在的关系,从而使辐射和吸收进行得顺畅和快捷。这种人、物的有序流动是物业功能发挥的必要保障。

2. 是生活、生产安全、便利、舒适的保障

车辆的有序停放和通行可以降低噪声污染、尾气污染,为人们生活、工作创造良好的外部环境;物业中道路的美化、绿化、养护有利于物业的通风、采光,增加了物业的美观;步行空间的建立还可以创造美好的生活情趣。物业中的道路空间不仅是人、车通行的空间,而且还是地下工程设施的空间,路面下的空间常常埋有给水、排水、供电、电话、煤气、供热管线,有的物业道路下还埋有有线电视、真空集尘、石油管道,有时地下停车场、地铁、地下街、防空设施也通过物业的道路下方。所以,对于道路上行驶车辆的管理就显得十分重要,如通行汽车吨位的管理等。物业中的道路还担负着物业防灾的重要任务。道路是发生灾害时的缓冲和遮断地带,也是疏散人流、物流的通道。如发生火灾时可以防止火的蔓延,有利于消防救护的实施;发生地震时,可以疏散人群,还是紧急避难的场所。所以车辆道路的管理是道路畅通的保障,是物业中人们生活、工作安全的保障。

3. 从发展的眼光看,车辆道路的管理将越来越重要

随着我国综合国力的增强和人民生活水平的提高,机动车的数量显著增加,以北京为例,截止到1995年11月底,北京的机动车总员已达到89.6万辆,而且还在以每年10万辆的速度增长,同时,私车数量也上升了近10个百分点;与此同时,道路的扩建改建由于受土地、规划、地理等因素的制约,发展速度却没有那么快。车、地紧张的矛盾越发显现出来,而且越来越突出。由于规划等原因,物业区域中的道路在已建成的多数物业中面对车辆的激增已变得十分紧张。在这种情况下,有效的车辆道路管理就显得更为重要。

不同的物业，车辆道路管理有不同的侧重点。在此，以居住区为主，介绍车辆道路管理的有关内容。

二、居住区道路的规划要求

1. 居住区道路的功能

居住区内道路的功能要求一般可分为以下几个方面：

（1）居民日常生活方面的交通活动，包括步行、自行车、摩托车、小汽车的交通。

（2）通行清除垃圾、粪便、递送邮件等市政公用车辆。

（3）居住区内公共服务设施和工厂之间货运车辆通行。

（4）满足铺设各种工程管线的需要。

（5）道路的走向和线型是组织居住区内建筑群体景观的重要手段，也是居民相互交往的重要场所（特别是一些以步行为主的道路）。

除了以一些日常的功能要求外，还要考虑一些特殊情况，如供救护、消防和搬运家具等车辆的通行。

2. 居住区道路的分级

根据功能要求和居住区规模的大小，居住区道路一般可分为3级或4级。

（1）居住区级道路　是居住区的主要道路，用以解决居住区的内外联系。车行道宽度不应小于9m，红线宽度一般为20m～30m。

（2）居住小区级道路　是居住区的次要道路，用以解决居住区内部的联系。车行道宽度一般为7m，红线宽度根据规划要求确定。

（3）居住组团级道路　是居住区内的支路，用以解决住宅组群的内外联系。车行道宽度一般为4m。

（4）宅前小路　即通向各户或各单元门前的小路，一般宽度为3m。

此外，在居住区内还可能有专供步行的林荫步道。

3. 居住区道路规划布置的基本要求

（1）居住区内部道路主要为本居住区服务。为了保证居住区内居民的安全和安宁，不应有过境交通穿越居住区，特别是居住小区。同时，不宜有过多的车道出口通向城市交通干道。

（2）道路走向要便于职工上下班，住宅与最近的公共交通站之间的距离不宜大于500m。

（3）应充分利用和结合地形，如尽可能结合自然分水线和汇水线，以利雨水排除。

（4）在进行旧居住区改建时，应充分利用原有道路和工程设施。

（5）车行道一般应通至住宅每单元的入口处。建筑物外墙面与人行道边缘的距离应不小于1.5m，与车行道边缘的距离不小于3m。

（6）尽端式道路长度不宜超过120m，在尽端处应便于回车，回车场地不小于12m×12m。

（7）如车道宽度为单车道时，则每隔150m左右应设置车辆会让处。

（8）道路宽度应考虑工程管线的合理敷设。

（9）道路的线型、断面等应与整个居住区规划结构和建筑群体的布置有机地结合。

4. 居住区道路系统的基本形式

居住区道路系统基本上分为3种形式：

(1) 人车交通分流的道路系统

是由车行和步行2套独立的道路系统所组成，交叉处都设立交。这种形式一般适用于私人小汽车较多的居住区。

(2) 人车混行的道路系统

当居住区内私人小汽车数量很少时，可采用这种形式。我国目前大多数居住区都采用人车混行的道路系统。

(3) 人车部分分流的道路系统

这种形式是在人车混行的道路系统的基础上，另外设置1套联系居住区内各级公共服务中心或中小学的专用步行道，但步行道和车行道的交叉处不采取立交。

三、车辆道路管理的主要内容

车辆道路管理包括道路管理、交通管理与车辆管理3部分。

1. 道路管理

道路由动态交通设施、静态交通设施和道路交通附属设施3部分组成。动态交通设施包括物业的各级道路；静态交通设施包括停车场、广场；道路交通附属设施包括各种路名牌、分离墩、分道线、道路照明设施、绿化带、排水设施及防护设施等。居住区道路管理的内容主要为对已建成道路、设施的维修及部分道路的改造与新建。

道路设施在使用过程中，受交通荷载及自然条件如雨、雪、风等影响，将产生磨耗或损坏；一些人为现象也会对设施的正常运行产生影响，如挖路埋管、私搭乱建、沿路开店、个别人有意无意地损坏设施等。道路设施管理的主要任务就是制定物业道路设施的管理办法，负责物业道路的养护维修和设施的日常管理，对非法占用道路的行为进行纠正和处罚。

物业管理企业应建立专门的道路及设施的养护、维修队伍。其主要工作内容是：掌握各类设施的布局、结构情况；负责对道路的日常巡查，随时发现纠正违反物业管理规定的现象，并根据物业道路管理规定作出相应的处理；执行物业管理企业下达的道路维修计划；负责道路设施的日常养护工作，随时了解设施的运行状况，发现异常及时上报和处理。

2. 交通管理

交通管理的任务是正确处理人、车、路的关系，在可能的情况下做到人车分流，保证居住区内交通安全、畅通，重点是机动车行车管理。物业管理企业除加强对司机和广大住户的宣传教育外，要制定居住区道路交通管理规定，其主要内容有：

(1) 建立机动车通行证制度，禁止过境车辆通行。

(2) 根据区内道路情况，确定部分道路为单行道，部分交叉路口禁止左转弯。

(3) 禁止乱停乱放车辆，尤其在道路两旁。

(4) 限制车速，铺设减速墩，确保行人安全。

在物业管辖范围内，发生交通事故，应报请公安交通部门处理。

3. 车辆管理

车辆管理包括机动车、摩托车、自行车的管理。应实行物业管理企业与公安交通部门管理相结合的原则。物业管理企业的主要职责为禁止乱停乱放和防止车辆丢失、损坏。

(1) 机动车管理

机动车管理是通过门卫管理制度和车辆保管规定来落实的，门卫包括停车场门卫和物业区域大门门卫。对进出的机动车必须坚持验证放行制度，对外来车辆要登记。对车辆的保管，物业管理企业应与车主签订车辆保管合同或协议，确定停车地点，收取停车费，明确双方责任。

（2）摩托车、自行车管理

居住区内为确保摩托车、自行车的存放安全，应设有专人看守的存车处。车主需委托保管车辆时，先办理立户登记手续，领取存车牌，并按指定位置存放，物业管理企业负责其安全。

4. 停车场管理

无论是住宅小区还是商贸楼宇，都设有专用的机动车停车场。停车场分地上停车场（停车楼）和地下停车库2大类。其管理要点基本相同，主要有以下4点：

（1）场内车位划分要明确

为安全有序地停放车辆，避免乱停乱放现象，停车场内应用白线框明确划分停车位。停车位分固定车位和非固定车位，大车位和小车位。车主必须按类使用车位，需经常停放的车辆，应办理手续有偿使用固定车位，外来车辆和临时停放的车辆有偿使用非固定车位。

（2）场内行驶标志要清楚

为便于管理，停车场一般只设1个进口和出口，进出口的标志一定要明确，场内行驶路线要用扶栏、标志牌，地下白线箭头指示要清楚。

（3）进出停车场管理要严格

车辆进入停车场要验证发牌，并做登记，驶离停车场时要验证收牌，对外来车辆要计时收费。在车辆进出高峰期间，管理人员还要作好现场的车辆引导、行驶、停放与疏散工作。

（4）车辆防盗和防损坏措施要得力

为避免在场内车辆被盗和被撞等事件的发生，一方面管理人员要加强对车辆进入的登记与车况的检查，实行24小时值班制度和定期（如15分钟）巡查制度；一方面要教育提醒车主在场内要服从管理人员的指挥与安排，缓慢行驶，注意安全，按规定车位停放车辆，离开时锁好车门，调好防盗系统至警备状态，随身带走贵重物品。

四、不同物业车辆道路管理的特点

1. 居住物业

居住物业应大力提倡步行空间的建立，为居民提供公共庭院和通行、娱乐的场所。还应发展公共交通，通过小区班车的形式为居民提供上下班、节假日集中出行服务。对于停车场的管理应注意扰民问题，最好停车场设在物业小区的4个边缘地带，这样既减少出入时间又保证了居住物业的安静、清洁。同时，要注意做好车辆的有序存放和保管，防止车辆被盗。

2. 办公物业

办公物业车辆道路管理的重点应放在车辆的调度工作上。物业管理企业应对物业中单位上下班情况举行了解统计，组织人力集中管理，统一调度，如对道路可采取定时单向通行等办法，充分利用上下班时的道路空间。同时对于办公时间的车辆出入应采取登记的办法严格控制外来车辆的存放，对于单位车辆应采取定位存放的办法，以便于合理有效的管理。

3. 商业物业

对于一般商业物业，物业管理企业必须配合公交系统的车辆进行定线定站，双休日增加车辆等，为顾客提供方便。对于高档商业物业应主要做好物业停车场的建设和管理。必要时，物业管理企业可拥有自管班车，为顾客提供定线不定站的服务。

4. 旅游物业

旅游物业客流量的季节性强，方向性强，物业管理企业应设立专门的由物业直达旅游地的旅游往返车辆，在旅游季节为游客提供出行的方便。旅游物业的管理者还应重视出租汽车的管理、停放、疏导工作。

5. 工业物业

以仓库、厂房为主体的工业物业不同于上述4种物业。它的车辆管理主要集中在对货运车辆的管理上。要注意货运车辆的吨位、高度与道路条件的配合，并为货物的装卸提前做好准备，以减少货运车辆的停放时间，提高货运效率。值得一提的是工业物业夜间运输的问题，夜间运输可以提高运输效率，但物业管理企业应做好道路辅助设施的管理，如对路标、照明设施进行日常的养护和维修。

五、车辆管理中的紧急情况及注意事项

1. 车辆被损被盗的处理

（1）当车管员发现停车场里的车辆被盗或被损坏时，车管员应立即通知车主，并报告班长和管理处。

（2）属撞车事故的，车管员不得放行造成事故的车辆，应保护好现场。

（3）属楼上抛物砸车事故，车管员应立即制止，并通知肇事者对造成的事故进行确认。

（4）车管员认真填写"交接班记录"，如实写明车辆进场时间、停放地点、发生事故的时间以及发现后报告有关人员的情况。

（5）车辆在停车场被盗后，由管理处确认后协同车主向当地公安机关报案。

（6）发生事故后，被保险人（车主、停车场）双方应立即通知保险公司。

（7）车管员、管理处、车主应配合公安机关和保险公司做好调查处理。

2. 车辆出入库注意事项

（1）车辆出入后切记放下道闸，以防车辆冲卡。

（2）放下道闸时应格外小心，防止道闸碰损车辆和行人。

（3）注意文明礼貌用语。

复习思考题

一、名词与术语

物业治安管理　物业安全危机

二、思考题

1. 物业治安管理工作包括哪些内容？
2. 物业治安规律管理中常见的有哪些？该怎样处理？

3. 物业管理公司在制定物业安全危机处理预案时，应着重考虑哪几方面？
4. 简述物业消防管理的内容？
5. 常见的消防器材有哪些？
6. 怎样才能做好高层建筑的消防管理？
7. 不同用途的物业在车辆道路管理上各有哪些侧重点？
8. 车辆管理人员的职责有哪些？
9. 面对炸弹恐吓应采取哪些措施？

第六章 物业环境质量管理

第一节 物业环境质量管理概述

物业环境质量是指在物业区域内，环境的总体或环境的某些要素对人们的生产和生活的适宜程度，是反映人们的具体要求而形成的对环境评定的一种概念。它是对环境状况的一种描述，这种状况的形成，有来自自然的原因，也有来自人为的原因，而且从某种意义上说，后者是更为重要的原因。人为的原因主要体现在环境污染改变环境质量，资源利用的不合理也改变环境质量；此外，人们的文化状态又影响着环境质量。因此，物业环境质量的构成因素来说，除了包含大气环境质量、水环境质量、声环境质量之外，还涉及生产环境质量和文化环境质量等因素。

物业环境质量管理，是指采用技术的、经济的、行政的、法律的、教育的各种手段，对人们利用、保护和改善物业环境的活动进行干预或施加影响，以协调物业使用受益人与物业环境的关系，保障人民身体健康，提高物业环境质量所进行的管理活动。物业管理公司要依据城市环境管理部门制定的环境质量标准及指标体系，对物业区域内的自然环境质量和社会环境质量进行监控、测试、评价，切实做好环境管理工作，使物业区域内的环境质量水平不断提高。切实从保护人体健康和维护生态平衡出发，为获得最佳的环境效益和经济效益，在综合考虑发展经济与保护环境及人体健康等因素的基础上，搞好物业区域内的环境质量。

一、物业环境质量管理的基本职能及物业管理公司职责

人类为了生存发展，就要不断地开发利用环境资源，但这种开发利用活动又会消耗环境资源，降低其质量，破坏生态平衡，影响人类的生存和发展。为此，人类必须要采取措施：一方面要保证资源的合理开发与利用，保持环境的生产能力和恢复能力；另一方面要保证环境质量不断地改善，以谋求人类社会活动与环境的协调。

由此可见，物业环境质量管理不能只限于控制污染，也并非只为保证人体健康和提高工作效率，其基本职能应是掌握"人类——环境——生产和消费"系统的发生、发展的规律，协调人类社会活动与环境的关系，找出经济发展的限度、方式和布局方案，使发展经济与保护和改善环境质量的要求统一起来。

物业管理公司应积极配合城市环保部门，承担起维护社区、住宅区环境质量管理的责任。主要职责有以下几条：

1. 积极配合政府和环保部门做好管区内环保工作，贯彻执行国家有关环保法律法规，把环保纳入社区物业管理的实际工作中去。

2. 采取多种宣传形式，对管辖区域内的居民和单位进行环保法、环保知识的宣传教育，提高社区成员的环保意识。

3. 协助环保部门加强对管区内环境污染的监测、治理工作，预防并治理"三废"污染和噪声污染。

二、物业环境质量管理内容

1. 对物业环境质量进行监控

物业环境质量监控，就是对物业区域内的环境质量进行监测和控制。监测就是监视、检测并及时分析和处理代表环境质量的各种指标数据，掌握环境质量的现状及变化发展趋势。控制就是根据监测得到的环境质量的现状及变化发展趋势，及时将信息反馈给有关部门，在超过警报指标或出现严重污染事故时发出警报和进行预报，通过有关部门采取具体措施，控制环境质量的继续恶化。环境质量监控是环境质量管理的主要环节，它包括以下三种类型的环境质量监控。

（1）区域环境监控　区域环境监控主要是对物业区域的大气、水体、土壤等的环境质量现状进行监控。当物业区域环境质量已经达到国家规定的某一级标准，或虽未达到标准但达到过渡性标准时，应对有害污染物浓度变化和发展趋势进行常规性监测；当物业区域内环境质量既未达到国家标准，又无明确的环境目标，且环境质量逐年恶化时，应制止污染的发展，控制新污染，并汇报给有关决策部门，以便及时采取合理的对策。

（2）污染源的监测　环境污染源的监测主要包括对工业污染源的监测，如烟尘、工业废气、废水、废渣、粉尘排放和工业噪声污染等监测；交通污染源的监测，包括对机动车、船尾气、交通噪声污染的监测；还包括对医院污水、城市废弃物、城市生活污水污染等进行监测。

（3）污染事故的监测分析　主要是确定在各种紧急事故情况下的污染程度和范围，检查分析其原因，以便采取有效措施避免事故再次发生。

2. 对物业环境质量进行评价

物业环境质量评价，主要是对物业区域的环境质量进行回顾评价、现状评价和影响评价，按照一定的评价标准和评价方法，对区域的环境质量状况及变化趋势进行定量描述、评定和预测。

3. 编写物业环境质量报告书

编写物业环境质量报告书，就是在对物业区域内的环境进行监测和评价的基础上，提出对物业环境质量状况的分析以及改善环境质量的措施与对策。进行此项工作应遵循以下原则。

（1）要着眼于"人类—环境"大系统，从地区的整体出发，以生态理论为指导，全面分析经济、社会发展与环境质量的关系，不仅要认真对待"三废"及噪声的问题，还要考虑其他影响环境质量的因素。

（2）在对基本数据汇总分析时，要包括自然环境特征与社会环境特征，有较强的针对性，以便为分析环境问题提供具体依据。

（3）分析问题要抓住主要矛盾，对主要环境问题的危害包括经济损失、人身伤害及其产生原因等，要有确切的分析，不能似是而非，模棱两可。

（4）对环境质量的变化及发展趋势，要有科学的预测，并对主要环境问题提出相应对策。

第二节 物业大气环境质量管理

物业大气环境质量管理是物业环境质量管理的重要组成部分。它是采用特有的专业技术方法和经济的、行政的、法律等手段，对物业大气环境质量进行监控、测试、评价，以保证物业区域内的大气环境质量符合国家和地区环境管理部门规定的大气环境质量标准，使物业区域内的大气环境质量水平不断提高。

一、物业大气污染监测

1. 物业大气污染监测的意义

监测是指对健康和环境参数进行的日常监视和测量工作。大气污染监测在整个大气质量管理过程中具有关键性的作用，它为政策和战略的制定、大气环境质量控制目标的设立、污染物的排放和环境标准实施情况的监督检查等提供必要的科学依据。

2. 大气污染监测工作的分类

(1) 第一类是大气环境污染监测，监测对象是环境空气；

(2) 第二类是污染源的监测，如烟囱、汽车排气口的监测；

(3) 第三类是特定目的的监测。

3. 大气污染质量监测的目的

空气大气监测是判别和解决空气质量问题的必要手段。为了设计或者建立一个高效的空气质量管理系统，首先必须获得有关环境空气污染水平的可靠的信息。监测的最终目的不仅仅是收集数据，而是要为科学家以及制定规划和政策的人提供必要的信息，使得他们可以作出符合实际的管理及改善环境质量的决策。

就大气质量管理而言，具体为了以下的目的：

1) 评价空气质量是否满足以健康为基础的标准或指标，以便评价城市各个区域不同污染物危害居民健康的程度（即鉴别污染热点）；

2) 确认超过健康标准的短期时段，以使公众得到预警和忠告，使他们知道如何能把对他们健康的危害减少到最小程度，同时使有关部门能够有依据地采取暂时性的减排措施（烟雾警报系统）；

3) 测定污染浓度的变化，以评价短期和（或）长期污染控制政策和措施的效能（短期措施的例子如暂时停止交通，长期政策的例子如运输政策、替代性燃料、更严格的机动车排放标准）；

4) 确定污染浓度的长期趋势，以便评价为什么会出现这些变化（如活动方式改变和机动车排放增加引起的变化）；

5) 确认数值预报模式的有效性，从而对模拟结果的精度保持信心，有关部门将根据这些结果确定它们的短期和（或）长期污染控制行动；

6) 为建议进行的大工程项目准备环境影响报告书提供数据（例如在工程开展前后进行监测）；

7) 为增加我们对大气过程（把污染排放量转变为污染浓度的大气过程）的了解提供信息。

4. 物业区域大气环境污染的监测

对物业区域内的大气污染进行监测,应根据污染物排放时间的变化规律,结合气象周期的变化规律及监测目的要求,确定大气污染监测的采样周期。

为了显示污染物的空间分布情况,要正确选择监测点,按均匀区的范围、地形和气象条件,在预计的最高浓度点设置监测采样点。

二、物业大气环境质量评价

1. 物业大气环境质量评价的作用

为了掌握物业大气环境质量的现状,定期向上级主管部门或居民报告大气环境质量状况,预测、分析大气环境质量变化的趋势,均需要对物业大气环境质量进行评价。评价参数主要是化学污染物。

大气环境质量评价工作是建立在环境质量及污染状况的调查、监测、研究的基础上,按一定的目的要求和方法,总结环境质量的客观现实、内部规律,并加以评价分类。其目的是,准确反映环境质量和污染现状并指出其将来发展之趋势,为环境规划和管理,为制订环境保护和污染治理对策,提供科学的依据。大气环境质量评价是环境保护的一项先行工作,是一项基础工作,必须以《中华人民共和国环境保护法》等法律为依据,以国家公布的大气环境质量标准和污染物排放标准为尺度,进行此项工作。

2. 我国的大气环境质量标准

(1) 根据环境质量的基准,各地大气污染状况,国民经济发展规划和大气环境的规划目标,按照分级分区管理的原则,规定我国大气环境质量标准分为三级:

一级标准:为保护自然生态和人群健康,在长期接触情况下,不发生任何危害性影响的空气质量要求。

二级标准:为保护人群健康和城市、乡村的动、植物,在长期和短期的接触情况下,不发生伤害的空气质量要求。

三级标准:为保护人群不发生急、慢性中毒和城市一般动、植物(敏感者除外)正常生长的空气质量要求。

(2) 根据各地区地理、气候、生态、政治、经济和大气污染程度,确定大气环境质量分为三类区:

一类区:国家规定的自然保护区、风景游览区、名胜古迹和疗养地等。

二类区:城市规划中确定的居民区、商业交通居民混合区、文化区、名胜古迹和广大农村地区。

三类区:大气污染程度比较严重的城镇和工业区,以及城市交通枢纽、干线等。

该标准规定,一类区由国家确定,二、三类区以及适用区域的地带范围由当地人民政府划定。上述三类区一般分别执行相应的三级标准。但是,凡位于二类区内的工业企业,应执行二级标准;凡位于三类区内的非规划的居民区,应执行三级标准。另外,标准中还规定了各种污染物的监测分析方法。

3. 大气质量评价的方法

大气质量评价要按一定的方法进行,通常有指数法、概率统计法、模拟法和生物指标法,以指数法为最常用,最后形成的报告中应对环境提出实质性评价意见,并提出解决问题的对策。

对所评价区域或城市,基本上摸清了其周围环境的大气环境质量基本情况及存在的主要问题，根据各种试验模式（包括物理和数学模式）计算揭示出大气环境质量变化的趋势或变化规律，然后进行评价。

一般进行评价时，首先查明评价地区或城市的功能和性质，属几类地区，然后确定按国家公布的环境质量标准中哪级标准作为评价的尺度。例如我国首都北京，国家级的风景游览区如杭州、桂林等，属于一类地区；应按大气环境质量一级标准进行评价。省会和自治区首府或一般城市由当地政府确定为几类地区，然后按几类标准来衡量。工业区一般属于三类地区，按三类大气环境质量标准来衡量。在一个大城中，有行政区、文化区、商业区、居民区和工业区，对整个城市大气环境质量要有统一要求，但不同功能区要求应有所差异，采用哪级标准根据具体情况而定。

三、物业大气环境质量控制

根据大气环境质量评价结论，如果认为当地大气环境质量良好，必须提出如何保持良好状态的途径；如果发现存在或潜在的大气问题，必须提出防治措施。例如汽车是当地主要污染源时，则在特定的气象和地形条件下，有出现光化学烟雾的潜在危险。必须预先采取措施，控制汽车总数和改善汽车燃烧装置，减少污染物来源。

如果发现大气中污染物浓度超过国家规定的大气质量标准，或者已出现大气污染，或者大气质量有变坏的趋势，那必须以国家环境保护法和国家环境保护技术政策为依据，根据大气环境质量变坏的主要原因，结合当地自然和社会经济具体情况，提出切实可行的战略性和战术性措施。

对于物业大气环境质量控制来说，应在大气环境质量评价的基础上，结合城市的功能分区，实施大气环境质量的分区（住宅区、商业区、工业区等）管理。对严重污染区实行重点控制，逐步建立烟囱控制区，并对功能区实行环境目标管理。具体采取以下对策：

（1）实施主要污染物分区总量控制，按污染源的排污分担率逐年分配污染削减指标，并与经济、社会发展计划统一考虑，建立环境责任制，实施奖惩制度。

（2）制定有利于控制大气污染的生产与生活方式和措施，降低生产和生活所形成的污染物对大气环境的破坏。

（3）加强对大气污染特别是消烟除尘的监督管理。分区选择控制点和控制时段，根据环保目标和规章制度实施监督。对达不到要求和违反规定的，按处罚制度规定的办法，及时采取诸如教育、警告、罚款、停止使用等措施进行处理。同时，坚持大气监测，及时准确地掌握排污单位的情况，运用经济手段征收排污费和罚款。

第三节　物业水环境质量管理

水环境质量管理要通过一系列行政的、法律的、经济的和工程配套措施，要建立完善的监督管理系统与机构，制定水环境质量标准和污染物排放标准，并规定法律责任。以保证物业区域内的水环境质量符合国家和地区环境管理部门规定的水环境质量标准，使物业区域内的水环境质量水平不断提高。

一、水质与水质指标

1. 水质

水质，即水的品质，是指水与其中所含杂质共同表现出来的物理学、化学和生物学的综合特性。

2. 水质指标

通常采用水质指标衡量水质的好坏。水质指标项目繁多，可以分为三大类。

(1) 第一类 物理性水质指标，包括：

1) 感观物理状指标，如温度、色度、臭和味、浑浊度、透明度等。

2) 其他物理性状指标，如总固体、悬浮固体、溶解固体、可沉固体等。

(2) 第二类 化学性水质指标，包括：

1) 一般的化学性水质指标，如pH碱度、硬度、各种阳离子、各种阴离子、总含盐量、一般有机物质等。

2) 有毒的化学性水质指标，如重金属、氰化物、多环芳烃、各种农药等。

3) 有关氧平衡的水质指标，如溶解氧、化学需氧量、生化需氧量、总需氧量等。

(3) 第三类 生物学实质指标，包括细菌总数、总大肠菌群数、各种病原细菌、病毒等。

二、水环境质量标准

水环境质量标准是实施水环境管理的科学依据和手段。我国水环境质量标准包括地面水环境质量标准、国家《生活饮用水卫生标准》、渔业水域水质标准（试行）、农业灌溉水质标准、海水水质标准等。

1. 生活饮用水卫生标准（见表6-2）

2. 污水综合排放标准

为了保证水环境质量，控制水污染，除了规定地面水体中各类有害物质的允许标准值之外，还必须控制地面水体的污染源，对各类污染物允许排放浓度做出规定。为此，国家环保局颁布了《污水综合排放标准》。该标准根据污染物的毒性及其对人体、动植物和水环境的影响，将工业企业和事业单位排放的污染物分为两类：

(1) Ⅰ类污染物是指能在环境或动植物体内蓄积，对肉体健康产生长远不良影响的污染物。对此类污染物，不分其排放的方式和方向，也不分受纳水体的功能级别，一律执行严格的标准值，并规定含此类污染物的废水一律在车间或车间处理设施的排放口取样检测，其最高允许排放标准值见表6-1。

Ⅰ类污染物最高允许排放浓度　　　　　表6-1

	污染物	最高允许排放浓度
1	总汞	0.05[1]
2	烷基汞	不得检出
3	总镉	0.1
4	总铬	1.5
5	六价铬	0.5
6	总砷	0.5
7	总铅	1.0
8	总镍	1.0
9	苯并(a)芘[2]	0.00003

(2) Ⅱ类污染物是指其长远影响小于第一类的污染物质，其允许排放浓度可略宽，并按其排放水域的使用功能以及企业性质（如新建、扩建、改建企业或现有企业）分为一级标准值、二级标准值和三级标准值，还规定含此类污染物的废水在工厂、企业或其他处理设施排出口取样检测。

生活饮用水卫生标准　　　　　　　　　　　表 6-2

项　目		标　准
感观性状和一般化学指标	色	色度不超过 15 度,并不得呈现其他异色
	浑浊度	不超过 3 度,特殊情况小不超过 5 度
	臭和味	不得有异臭、异味
	肉眼可见物	不得含有
	pH	6.5~8.5
	总硬度	450mg/L
	铁	0.3mg/L
	锰	0.1mg/L
	铜	1.0mg/L
	锌	1.0mg/L
	挥发酚类	0.002mg/L
	阳离子合成洗涤剂	0.3mg/L
	硫酸盐	250mg/L
	氯化物	250mg/L
毒理学指标	溶解性固体	1000mg/L
	氟化物	1.0mg/L
	氰化物	0.05mg/L
	砷	0.05mg/L
	硒	0.01mg/L
	汞	0.001mg/L
	镉	0.01mg/L
	铬（六价）	0.05mg/L
	铅	0.05mg/L
	银	0.05mg/L
	硝酸盐（以氮计）	20mg/L
	氯仿	60μg/L
	四氯化碳	3μg/L
	苯并(a)芘	0.01μg/L
	滴滴涕	1μg/L
细菌学指标	六六六	5μg/L
	细菌总数	100 个/L
	总大肠菌群	3 个/L
	游离余氯	在与水接触 30min 后应不低于 0.3mg/L。集中式给水除出厂应符合上述要求外,管网末梢水不应低于 0.05mg/L
放射性指标	总 α 放射性	0.1Bq/L
	总 β 放射性	1Bq/L

三、水环境质量评价

水环境是涉及多因素、多相、多因子、多种作用的复杂过程。为了定量化地、简明地反映水污染状况和规律,需进行水质、底质、生物质量评价和综合评价。

1. 水环境监测参数的选择

在对水环境质量管理中,要根据各种目的和要求,对水质的常用指标和水中的污染物质等进行监测。检测的项目很多,但在进行水质污染评价时,并不能也不需要将所有的检测项目都拿来作为评价之用。一般都是根据评价的目的,选用其中主要的、有代表性的作为参数。在我国,各地选用的评价参数有浑浊度、臭和味、肉眼可见物、pH、总硬度、铁、锰、铜、锌、挥发酚类、阳离子合成洗涤剂、硫酸盐、氯化物、溶解性固体、氟化物、氰化物、砷、碘、汞、镉、铬（六价）、铅、银、硝酸盐（以氮计）、氯仿、四氯化碳、苯并（a）芘、滴滴涕、六六六、细菌总数、总大肠菌群、游离余氯等30多种，但在进行水质评价时，应根据各处的污染物种类的不同而选择适宜的参数，即根据不同的条件，定出一定"特殊"的参数供特定地区、特定的目的下应用。

2. 水环境评价标准的选择

对于水环境质量的评价，目前对于尚没有一个公认的绝对标准。目前的认识是，当水中的某种物质的含量大于为某种用水目的而规定的标准时，则可以公认为这种用水目的下的水质已受污染。即可用公式：

$$污染指数 = 某种污染物的实测浓度值 / 该种污染物的评价标准$$

目前在评价水污染时所用的各种污染物的评价标准都是卫生标准。在这些标准中，所规定的各种污染物的最高允许浓度，是根据卫生毒理学规定的，有的是根据人的某种感觉定的，有的是根据卫生要求规定的。这样，在用这些卫生标准来评价水污染时，它们之间没有可比性或等效性。因此，用卫生标准来评价水污染并不适合，而应当从环境保护的角度指导出一套水污染的环境标准。

四、物业水环境质量控制

对于物业水环境的质量控制，根本在于对水质污染源的控制。管理者应根据物业的具体用途和区域特性有针对的采取措施，防止水体污染。具体措施包括：

1. 对地表水污染的控制措施有

（1）禁止向水体排放油类、酸液、碱液及剧毒废液；

（2）禁止将含有汞、砷、铅、镉、铬、氯化物等可溶性剧毒废渣向水体排放或不作防渗层而直接埋入地下；

（3）不得在水体最高水位线以下的滩地和岸坡上堆放废弃物；

（4）禁止向水体排放带有放射性物质的废弃物和废水；

（5）不得向水体排放足以引起热污染的废水；

（6）不得向水体排放带有病原体而未经消毒的废水；

（7）禁止向水体倾倒工业垃圾、生活垃圾和其他废弃物。

2. 对地下水污染的控制措施有

（1）禁止利用渗井、渗坑、裂隙和溶洞排放含毒废水和带菌废弃物；

（2）不得采用无防渗措施的沟渠池塘输送含有或带菌废水；

（3）开采地下水时，应防止已被污染的潜水渗入地下水，并防止水质差异很大的各层地下水相互渗透；

（4）兴建地下工程设施或进行地下勘探及采矿时，应采取防护措施，防止地下水污染；

（5）人工回灌补给地下水时，不得恶化地下水质。

3. 生活饮用水污染的控制措施

由于居住物业区域内，人们的生活饮水通常是从城市自来水厂送出的自来水，都是经过严格的净化处理和消毒的，水质符合我国《生活饮用水卫生标准》。但是，自来水从厂输出后，流入输水管网再到各个用户的过程中，就有可能再次受到污染。最需要引起注意的是二次供水系统带来的污染，所以，二次供水这个环节一定在有严格的管理制度，要有专人负责，而且这方面的管理人员要经过专业培训合格后，才能上岗。否则，由于管理造成的污染会给广大饮用者带来多种潜在性的危害。具体控制方法详见第二章第三节。

第四节 物业噪声环境质量管理

物业噪声环境质量管理是依据国家和地区制定的各种环境下的"噪声标准"以及环境噪声控制有关法规，对物业区域内的噪声污染进行评价和控制，以防止噪声对人们的侵害，保证人们的正常工作、休息和睡眠。

一、环境噪声标准

目前世界各国和地方都以基本标准（住宅室外 35～45dB）为依据，参考国际标准化组织推荐的不同时间、地区、房间开闭窗条件的修正值以及本国和地方经济技术条件来制定本国的地方的一般环境噪声标准。

我国近年根据生理与心理声学研究结果，结合我国人民工作与学习生活现状和经济条件，提出了适合我国的环境噪声允许范围

1. 噪声标准的修正值

(1) 基本标准的一天不同时间修正值　单位：dB

不同的时间	修正值
白天	0
晚上	−5
夜间	−10

(2) 不同地区的住宅对基本标准修正值　单位：dB

不同的地区	修正值
农村、医院	0
市郊区、交通很少地区	+5
市居住区	+10
市居住区少量工商业或交通混合区	+15
市中心（商业区）	+20
工业区（重工业）	+25

(3) 室外噪声传到室内的修正值　单位：dB

窗户条件	修正值
开窗	−10
关单层窗	−15
关双层窗或不能开的窗	−20

2. 噪声允许范围　单位：dB

人的活动	最高值	理想值
体力劳动（听力保护）	90	70
脑力劳动（语言清晰度）	60	40
睡眠	50	30

3. 我国城市区域环境标准（GB 3096—1993）

该标准值为户外一行噪声级，测量地点选择在受噪声影响的居住建筑窗外 1m 高于地面 1.2m 处。夜间频繁出现噪声，其峰值不得超过标准值。夜间偶尔出现的噪声，其峰值不准超过标准值 15dB（A）。住宅室内标准规定低于所在区户外标准值 10dB（A）。具体标准见下表：

我国城市区域环境标准（GB 3096—1993）

适 用 区 域	允许标准 dB(A)	
	昼间	夜间
特别安静区(医院、疗养院、高级别墅区)	50	40
居住、文教机关为主区域	55	45
居住、商业、工业混杂区	60	50
工业区	65	55
交通干线道路两侧	70	55

二、环境噪声污染的评价

在物业区域的环境质量评价中，环境噪声污染往往是评价工作的内容之一，而在交通工程建设项目中，噪声影响评价还是重点。

环境噪声评价的具体步骤包括：

1. 拟订评价纲要

评价纲要是开展环境影响评价工作的依据。它包括了污染源的识别与分析、确定评价范围、环保目标（这里主要是指噪声敏感点）、噪声敏感点的地理位置及其环境条件和评价标准、评价工作实施方案等。

2. 收集基础资料

基础资料包括物业区域内的噪声污染源源强与参数、噪声源与敏感点分布位置图，注明相对距离和高度、声传播的环境条件等。

3. 进行现状调查

主要是噪声敏感点背景噪声的调查。

4. 选定预测模式

根据噪声源类别，如车间、道路机动车及其流量和流速等，按点、线声源特征选定预测模式。

5. 噪声影响评价

根据预测的评价量与采用的评价标准，给出各敏感点超标分贝值及评价结果。

6. 提出噪声治理措施

敏感点超标值达 3dB 时，应考虑噪声治理措施，具体措施应给出技术、经济和环境效益的技术论证，以便为工程设计与施工、以及日常管理提供依据。

三、物业环境噪声控制

物业环境噪声污染的声源来与其物业的地理位置、用途等有关，而且污染源也有很多种，包括交通、工业、施工和社会生活噪声等。对这些污染源的控制，应以国家和地区颁布的环境噪声标准或环境噪声污染防治条例为依据，对物业区域内的噪声污染进行严格控制，将物业区域内噪声影响控制在国家和地区环境管理部门规定的质量标准范围内。

具体管理措施包括：

1. 交通噪声管理措施

（1）要求进入物业区域内的机动车辆必须符合国家颁布的"机动车辆允许噪声标准"；

（2）限制进入物业区域内的机动车辆的车速，并不准随意鸣笛，夜间禁止鸣笛；

（3）重型车辆进入居住物业应限制时间和路线。

2. 工业噪声管理措施

（1）凡是产生噪声的工业用物业，应要求其单位或个人，采取有效的噪声控制设施，使之达到所在地区环境的噪声标准；

（2）无法消除噪声危害的单位，要有计划改厂或迁移到适当的地区。

3. 建筑施工噪声的管理措施

（1）凡在物业区域附近施工的工程，应要求施工单位采取有效的防噪声措施，使用的施工设备应符合国家规定的噪声标准；

（2）在居民区施工时，夜间禁止使用噪声大的施工机械设备；

（3）施工噪声不得超过区域环境噪声标准，离开施工作业场地30m处，噪声不准超过75dB，撞击噪声最大声级不允许超过90dB。

4. 社会生活噪声管理措施

（1）室外禁止使用扩音喇叭（有特殊规定的除外）；

（2）使用家用电器和机器设备，其噪声影响不得超过所在物业区域的环境噪声标准；

（3）夜间禁止在住宅区附近大声喧哗，以防止干扰居民休息，产生的噪声影响不得超过所在物业区域环境噪声标准。

复习思考题

一、名词与术语

环境质量控制　水质　污染指数　物业环境质量评价

二、思考题

1　在物业环境质量管理上物业管理公司的职责有哪些？

2　物业环境质量管理的内容是什么？

3　为什么要对大气污染质量进行监测？

4　怎样对物业大气环境质量进行控制？

5　水质指标可分为哪些类型？

6　对物业水环境质量控制应该采取哪些措施？

7　物业环境噪声污染的评价包括哪些步骤？

8　物业环境噪声控制的措施有哪些？

主要参考文献

1 谭甲林编. 物业环境管理. 北京：中国劳动社会保障出版社，2001
2 范祥清，刘少文编著. 人居环境. 北京：中国轻工业出版社，2003
3 鲁宁编著. 精益物业管理全书：日常管理篇. 广州：广东经济出版社，2002
4 王志儒主编. 住宅小区物业管理. 北京：中国建筑工业出版社，1998
5 刘耀林，刘艳芳，梁勤欧编著. 城市环境分析. 武汉：武汉测绘科技大学出版社，1999
6 周朝民编著. 物业管理理论与实务. 上海：上海交通大学出版社，1998